क्रिकेट कैसे खेलें

क्रिकेट के नियमों सहित

चरणपाल सिंह सोबती

क्रिकेट कैसे खेलें

क्रिकेट के नियमों सहित

चरणपाल सिंह सोबती

डायमंड बुक्स

प्रकाशक : डायमंड पॉकेट बुक्स (प्रा.) लि.
X-30, ओखला इंडस्ट्रियल एरिया, फेज-II
नई दिल्ली-110020
फोन : 01140712200

ई-मेल : wecare@diamondbooks.in
वेबसाइट : www.diamondbooks.in
संस्करण : 2025

CRICKET KAISE KHELEN
by : Charanpal Singh Sobti

अनुक्रमणिका

क्रिकेट कैसे खेलें

क्रिकेट के खेल की शुरुआत के बारे में अलग-अलग मत हैं। 1744 में क्रिकेट के मान्यता प्राप्त नियम पहली बार जारी हुए थे। उसके बाद से क्रिकेट के खेल का स्वरूप बहुत कुछ बदला है और उसी हिसाब से क्रिकेट के नियम बदले हैं, मैचों के दौरान ऐसी घटनाएं हुईं जिनका क्रिकेट के नियमों में कोई स्पष्टीकरण नहीं था। उदाहरण के तौर पर बैट की चौड़ाई पर कोई प्रतिबंध नहीं था और 1771 में एक बल्लेबाज़ ने इतना चौड़ा बैट अपनी पारी में बल्लेबाज़ी के लिए प्रयोग किया कि वह स्टंप्स से भी ज़्यादा चौड़ा था। इसी तरह से जब गेंद के दो स्टंप्स के बीच में से निकल जाने की घटनाएं सामने आईं तो तीन स्टंप लगाने का नियम बनाया गया।

एक बात और—नियम बनाने के लिए कोई अंतर्राष्ट्रीय संस्था न होने के कारण क्रिकेट खेलनेवाले क्लब अपने अलग-अलग नियम बनाते थे और उसी तरह से हर क्लब का क्रिकेट खेलने का तरीका भी कुछ अलग था। ये समस्या 1787 में तब सुलझी जब इंग्लैंड में मेरिलिबोन क्रिकेट क्लब (एम.सी.सी.) की स्थापना हुई और इस क्लब ने अपनी स्थापना के एक ही साल बाद क्रिकेट के नए नियम जारी कर दिए। इन नए नियमों के हिसाब से ही क्रिकेट के खेल का स्वरूप बना और लगभग वही स्वरूप आज तक चला आ रहा है। कुछ नियम तो तब से आज तक नहीं बदले हैं। एम.सी.सी. के क्रिकेट के खेल में आने के बाद ही अंडर आर्म गेंदबाज़ी खत्म हुई और धीरे-धीरे ओवर आर्म गेंदबाज़ी शुरू हुई। तब से क्रिकेट के नियम बनाने की पूरी ज़िम्मेदारी एम.सी.सी. पर ही है और एम.सी.सी. ने आखिरी बार 1980 में क्रिकेट के नियमों का कोड बनाया था। हालांकि अब क्रिकेट को अंतर्राष्ट्रीय संस्था—इंटरनेशनल क्रिकेट कॉउंसिल (आई.सी.सी.) बन चुकी है और हर साल इस संस्था की लॉर्डस, लंदन में होनेवाली वार्षिक बैठक में ज़रूरत के हिसाब से नियमों में संशोधन किए जाते हैं लेकिन क्रिकेट के नियमों का ढांचा वही है जो 1980 में एम.सी.सी. ने बनाया था।

एम.सी.सी. ने जब 1980 में नियम बनाए थे तो इनकी गिनती 42 थी और अभी तक ये नियम हैं—हां, आई.सी.सी. ने इनमें समय-समय पर परिर्वतन किए हैं।

क्रिकेट के खेल को अच्छी तरह से देखने, समझने और खेलने के लिए ज़रूरी है कि क्रिकेट के नियमों की अच्छी जानकारी हो। नियम वैसे तो पेचीदा भाषा में लिखे गए हैं लेकिन यहां हम क्रिकेट सीखनेवालों के लिए इन्हें आसान भाषा में दे रहे हैं।

क्रिकेट के खेल को सीखने के लिए इसके नियमों को जानना बहुत ज़रूरी है।

नियम 1

मैच के खिलाड़ी

क्रिकेट का मैच ऐसी दो टीमों के बीच खेला जाता है जिसमें हर टीम में कप्तान सहित 11 खिलाड़ी होते हैं। अगर किसी समय कप्तान मौजूद न हो तो उसकी जगह सहायक कप्तानी करता है।

हर मैच में टास से पहले दोनों टीमों के खिलाड़ियों के नामों की घोषणा हो जानी चाहिए। आमतौर पर इसके बाद टीम में परिर्वतन नहीं होता है पर अगर ज़रूरत पड़े तो विपक्षी कप्तान की सहमति से परिवर्तन हो सकता है।

आज कल ऐसे मैच हो रहे हैं जिनमें 11 खिलाड़ी नहीं होते—उदाहरण के तौर पर हांगकांग में हर साल खेला जाने वाला "सिक्स ए साइड टूर्नामेंट"।

नियम 2

सब्स्टीट्यूट, रनर एवं बल्लेबाज़ का रिटायर होना

अगर किसी मैच के दौरान किसी खिलाड़ी को चोट लग जाती है या वह बीमार हो जाता है तो उसकी जगह विपक्षी कप्तान से अनुमति लेने के बाद कोई सब्स्टीट्यूट क्षेत्र-रक्षण कर सकता है। हां, उसके विकेट के नज़दीक क्षेत्र-रक्षण करने पर विपक्षी टीम को आपत्ति हो सकती है। नियमों के अनुसार यह सब्स्टीट्यूट, बल्लेबाज़ी नहीं कर सकता।

अगर कोई बल्लेबाज़ चोट ग्रस्त है तो उसको बल्लेबाज़ी के दौरान रन के लिए भागने के लिए रनर मिल सकता है। यह रनर बल्लेबाज़ की तरह से पूरी क्रिकेट ड्रैस में होना चाहिए और उसके हाथ में बैट भी होना चाहिए। यह रनर भी अपनी गलती से बल्लेबाज़ को ऑउट करा सकता है।

अगर कोई बल्लेबाज़ अपनी पारी के दौरान आगे खेलने के लिए फिट नहीं है तो वह अंपायर की इजाज़त से पैवेलियन लौट सकता है। उसे रिटायर हर्ट कहा जाएगा। यह बल्लेबाज़ आगे कोई भी विकेट गिरने पर, अंपायर और विपक्षी कप्तान को सूचित कर, अपनी अधूरी पारी को खेलने फिर मैदान में आ सकता है।

नियम 3

अंपायर

मैच में टास होने से पहले ही दो अंपायर नियुक्त किए जाते हैं जिन पर यह ज़िम्मेदारी होती है कि वे क्रिकेट के मान्यता प्राप्त नियमों के अनुसार मैच का आयोजन करें। अंपायर मैच शुरू होने से पहले दोनों कप्तानों से मैच में लागू होनेवाले नियमों के बारे में बातचीत कर लेते हैं और मैच के लिए ज़रूरी अन्य सभी व्यवस्थाओं की जांच कर लेते हैं। मैच के दौरान आम तौर पर अंपायर नहीं बदले जाते।

अब ऊंचे दर्जे की क्रिकेट में तीन अंपायरों का प्रयोग शुरू हो गया है। तीसरा अंपायर पैवेलियन में बैठता है और टेलीविज़न पर मैच के "ऐक्शन रि-प्ले" को देखकर विवादास्पद मामलों में फैसला देता है। यह अंपायर मैदान के अंपायरों की तरह से कोई इशारा नहीं करता बल्कि हरी और लाल रोशनी की मदद से अपना फैसला बताता है। इंग्लैंड में इस तीसरे अंपायर को वाकी-टाकी के सहारे मैदान-अंपायर के साथ जोड़ा जाता है और फैसला गेंदबाज़ के सिरे पर खड़ा अंपायर ही देता है।

अब तो मैच के विवादों को सुलझाने के लिए आई.सी.सी. द्वारा मैच रैफरी भी नियुक्त

अम्पायर के संकेत

बाउन्ड्री 4 रन अपने बाजू के शरीर के सामने एक ओर से दूसरी ले जाना

बाउन्ड्री 6 रन : अपने दोनों बाजूओं को सीधा ऊपर उठा लेना

बाई : एक बाजू सीधा ऊपर-हाथ खुला हुआ है

लै गबाई : एक लात ऊपर उठाकर उसे एक हाथ से छूना

वाइड : दोनों बाजूओं को सीधा फैलाकर

नो बाल : एक बाजू सीधा शरीर के एक ओर

मैच की अलग:अलग स्थितियों पर अम्पायर स्कोरर को इस तरह रो संकेत देते हैं

आउट : बाजू ऊपर और उसमें मुट्ठी बंद पर पहली उंगली उठी हुई

शार्ट रन : एक बाजू को उठाकर हाथ से उसी ओर के कंधे को छूना

डैड बाल : थोड़ा सा झुककर, दोनों बाजू शरीर के सामने लाकर-घटुनों के सामने एक ओर से दूसरी ओर ले जाना

निर्णय बदलना : अगर अम्पायर ऐसा संकेत करता है तो समझ लिजिए कि अम्पायर अपने पिछले संकेत, निर्णय को बदलना चाहता है

किए जाने लगे हैं। आमतौर पर ये पुराने टैस्ट खिलाड़ी होते हैं।

अंपायर जो संकेत देते हैं वे साथ में दिए गये हैं।

नियम 4

स्कोरर

मैच शुरू होने से पहले स्कोरर नियुक्त करना बहुत ज़रूरी है ताकि वे मैच में बने हर रन और हर खिलाड़ी के ऑउट होने का हिसाब रख सकें। अगर दो स्कोरर हों तो बहुत अच्छा है क्योंकि फिर इन दोनों के स्कोर आपस में मिलाकर किसी भी ग़लतफहमी को दूर किया जा सकता है।

नियम 5

गेंद

किसी भी मैच से पहले यह तय हो जाता है कि वह मैच किस कंपनी की बनी गेंद से होगा और पूरा मैच उसी कंपनी की गेंद से होता है। नियमों के अनुसार नई गेंद का वज़न 155.9 ग्राम से कम नहीं होना चाहिए और 163 ग्राम से ज़्यादा नहीं होना चाहिए। गेंद की परिधि 22.4 सेंटीमीटर से कम नहीं होनी चाहिए और 22.9 सेंटीमीटर से ज़्यादा नहीं होनी चाहिए।

हर पारी नई गेंद के साथ शुरू होती है और 6 गेंद वाले 75 ओवर के बाद गेंदबाज़ी करनेवाली टीम उस पारी में आगे गेंदबाज़ी के लिए नई गेंद ले सकती है।

अगर मैच के दौरान कोई गेंद खो जाती है तो अंपायर किसी अन्य लगभग उतनी ही पुरानी गेंद के साथ खेल आगे शुरू कराएंगे।

नियम 6

बैट

बैट की लंबाई 96.5 सेंटीमीटर से ज़्यादा नहीं होनी चाहिए और उसकी चौड़ाई 10.8 सेंटीमीटर से ज़्यादा नहीं होनी चाहिए। अब नियमों में यह स्पष्ट कर दिया गया है कि क्रिकेट का बैट लकड़ी का बना होना चाहिए।

नियम 7

पिच

दोनों स्टंप्स के बीच का क्षेत्र आमतौर पर पिच कहलाता है। असल में गेंदबाज़ी की दोनों क्रीज़ के बीच का हिस्सा पिच है। इसकी चौड़ाई मिडिल स्टंप को जोड़नेवाली लाइन के दोनों ओर 1.52 मीटर होती है। हर मैच से पहले पिच के बारे में सहमति हो जानी चाहिए। एक मैच जिस पिच पर शुरू होता है उसी मैच पर पूरा होता है।

नियम 8

विकेट

विकेट के दो सेट होते हैं। 3 स्टंप्सवाले इस सैट को 22 गज की दूरी पर लगा दिया जाता है। इनकी चौड़ाई 22.86 सेंटीमीटर होनी चाहिए। इन पर लकड़ी की दो बेल्स रखी जाती हैं। 3-3 स्टंप्स के ऐसे दो सेट लगते हैं और इन्हीं के बीच क्रिकेट का खेल खेला जाता है। स्टंप्स लगाते हुए अंपायर को यह देख लेना चाहिए कि जमीन के ऊपर इनकी लंबाई 71.1 सेंटीमीटर से ज़्यादा न हो। बेल्स की ऊंचाई 1.3 सेंटीमीटर से ज़्यादा न हो। वैसे तो मैच के दौरान स्टंप्स पर बेल्स का रखा जाना ज़रूरी है पर अगर तेज़ हवा चल रही हो तो अंपायर बेल्स हटा सकते हैं।

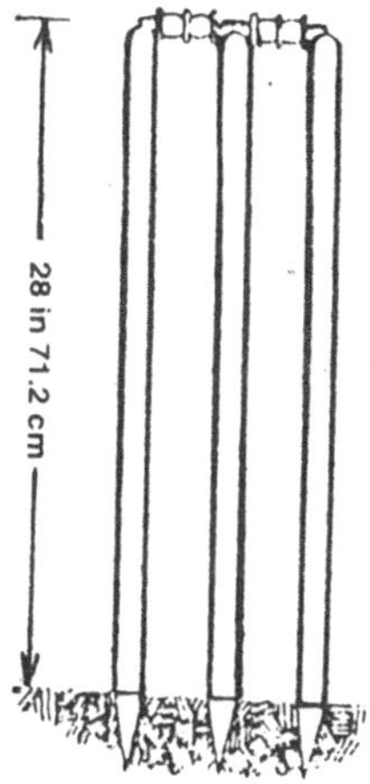

9 इंच (22 86) सें.मी.

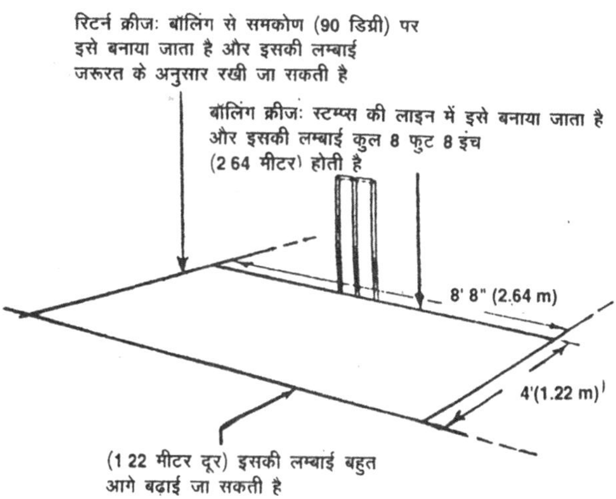

नियम 9

क्रीज़

बालिंग क्रीज़—दोनों सिरों के स्टंप्स की लाइन में बालिंग क्रीज़ बनाई जाती है। इसकी कुल लंबाई 2.64 मीटर होती है और स्टंप्स इसके बिलकुल बीच में होते हैं।

पापिंग क्रीज़—यह बालिंग क्रीज़ की लाइन से पीछे 1.22 मीटर की दूरी पर लेकिन बालिंग क्रीज़ के समानांतर होती है। इसकी लंबाई बालिंग क्रीज़ से भी ज़्यादा रखी जाती है।

रिर्टन क्रीज़—यह बालिंग क्रीज़ और पापिंग क्रीज़ से 90 डिग्री के कोण पर होती है। इसकी लंबाई की कोई सीमा नहीं है। इसे ज़रूरत के हिसाब से बनाया जाता है।

नियम 10

विकेट के नियम

रोलर—मैच के दौरान हर पारी शुरू होने से पहले बल्लेबाज़ी करनेवाली टीम की पसंद पर पिच पर हलका या भारी रोलर फेरा जाता है।

घास—मैच शुरू होनेवाले दिन पिच की अच्छी तरह से कटिंग होनी चाहिए। अगर मैच 2 दिन या इससे ज़्यादा दिन का है तो हर रोज खेल शुरू होने से पहले पिच पर घास काटी जाएगी। इसी तरह से ऑउट फील्ड में भी घास काटी जाएगी।

पिच की देख-भाल—अंपायर यह ध्यान रखेंगे कि पिच पर बननेवाली सभी क्रीज़ के निशान ठीक तरह से बने हों। अगर मैच के दौरान पिच खराब होती है या बरसात के कारण पिच गीली हो जाती है तो अंपायर उसे ठीक कराएंगे।

अंपायरों को यह भी देखना होगा कि खिलाड़ियों के जूतों से पिच खराब न हो।

नियम 11

पिच पर कवर

मैच शुरू होने से पहले पिच पर कवर डाले जा सकते हैं। मैच के दौरान पिच पर कवर डाले जाएंगे या नहीं इस बारे में मैच शुरू होने से पहले दोनों टीमों को आपस में तय करना होगा। गेंदबाज़ के सिरे पर कवर डालना बहुत ज़रूरी है।

नियम 12

पारी

हर मैच में हर टीम एक या दो (मैच की अवधि के हिसाब से) पारियां खेलेगी। वैसे तो दोनों टीमें एक के बाद एक पारियां खेलती हैं लेकिन फालोऑन (नियम 13) की हालत में एक टीम अपनी दोनों पारियां लगातार भी खेल सकती है।

जो कप्तान टॉस जीतता है वह यह तय करता है कि पहले उसकी टीम बल्लेबाज़ी करेगी या विपक्षी टीम।

नियम 13

फालोऑन

एक मैच में अगर एक टीम को दो पारियां खेलनी हैं तब यह नियम लागू होता है। जो टीम पहले बल्लेबाज़ी करती है वह पहली पारी में अगर 5 या इससे अधिक दिन के मैच में 200 रन से आगे रहती है, 3 या 4 दिन के मैच में 150 रन से आग रहती है, 2 दिन के मैच में 100 रन से आगे रहती है या 1 दिन के मैच में 75 रन से आगे रहती है तो आगे रहनेवाली टीम को यह हक होगा कि वह दूसरी टीम को अपनी दूसरी पारी भी पहली पारी के फौरन बाद खेलने के लिए कह दे।

नियम 14

पारी समाप्त घोषित करना

बल्लेबाज़ी करनेवाली टीम का कप्तान अपनी मर्ज़ी से किसी भी समय अपनी टीम की पारी को समाप्त घोषित कर सकता है। यहां तक कि वह कप्तान चाहे तो अपनी टीम की पारी को खेले बिना ही छोड़ सकता है।

नियम 15

खेल शुरू होना

हर पारी, हर दिन का खेल तथा हर इंटरवल या रुकावट के बाद जब खेल शुरू होगा तो गेंदबाज़ के सिरे पर खड़ा अंपायर प्ले कहेगा और खेल शुरू होगा।

अगर मैच शुरू हो जाए तो उसके बाद पिच पर किसी तरह के अभ्यास की इजाज़त नहीं होती है।

नियम 16

इंटरवल

मैच से पहले यह तय हो जाता है कि दिन के खेल के दौरान कितने इंटरवल होंगे और कितनी अवधि के। अंपायर मैच के हालात के अनुसार इंटरवल के समय को बदल सकते हैं।

नियम 17

खेल रुकना

खेल के दौरान अगर किसी भी वजह से खेल रुक जाता है तो अंपायर औपचारिक तौर पर खेल को रोकने के लिए टाइम की आवाज़ लगाएंगे और स्टंप्स पर रखी हुई बेल्स को हटा लेंगे। अगर घड़ी के अनुसार किसी इंटरवल का समय हो गया है तो वह इंटरवल अधूरा ओवर पूरा होने के बाद ही होगा। इसी तरह से मैच का निर्धारित समय खत्म होने के बावजूद अधूरा ओवर पूरा खेला जाएगा।

अब ऊंचे दर्जे के मैचों में आखिरी घण्टे का खेल ओवरों की संख्या के हिसाब से होता है। अंपायर मैच में आखिरी घण्टे का खेल शुरू हाने के समय इशारा करेंगे। उसके बाद 6 गेंदवाले

20 ओवर का खेल ज़रूरी है—बशर्ते कि इससे पहले ही मैच का कोई परिणाम न निकल जाए। अगर दोनों कप्तान सहमत हों कि मैच में कोई स्पष्ट परिणाम नहीं निकल सकता तब इन 20 ओवरों का खेल पहले ही रोका जा सकता है।

नियम 18

स्कोरिंग

क्रिकेट के खेल में बल्लेबाज़ के स्कोर की गिनती उसके द्वारा बनाए रन से होती है। जब दोनों बल्लेबाज़ किसी रन के लिए भागकर एक दूसरे को क्रास करते हैं और अपने-अपने सामनेवाले स्टंप्स पर पहुंच जाते हैं तो एक रन बनता है। इसी तरह से बल्लेबाज़ बाउंड्री शाट और पेनल्टी से भी रन अर्जित कर सकता है। अगर कोई बल्लेबाज़ भागकर बनाये गए रन के लिए ठीक तरह से नहीं भागता है तो रन नहीं माना जाएगा। इसे शार्ट रन कहा जाएगा।

इसमें कुछ बातें जानना बहुत ज़रूरी है—

1. जिस बल्लेबाज़ ने शाट लगाया है और रन के लिए भाग रहा है, अगर उस शाट पर वह बल्लेबाज़ कैच ऑउट हो जाता है तो कोई रन नहीं बनेगा।

2. अगर रन लेते हुए दोनों में से कोई बल्लेबाज़ रन ऑउट हो जाता है तो जिस रन को लेते हुए वह ऑउट हुआ है सिर्फ़ वह स्कोर में नहीं गिना जाएगा।

३ अगर कोई बल्लेबाज "आब्स्ट्रक्शन ऑफ द फील्ड" के लिए ऑउट होता है तो इस आब्स्ट्रक्शन से पहले जो रन पूरे कर लिये गए हैं वे गिने जाएंगे। हां, अगर आब्स्ट्रक्शन से किसी कैच का लपका जाना रोका जाता है तो कोई रन नहीं बनेगा।

नियम 19

बाउंड्री

मैच शुरू होने से पहले अंपायर यह तय कर लेंगे कि मैदान की बाउंड्री क्या है और किसी भी तरीके से बाउंड्री पर निशान लगा दिए जाएंगे।

मैच के दौरान आम नियम के अनुसार अगर गेंद बल्लेबाज़ के शाट से या और किसी भी मान्यता प्राप्त तरीके से सीमा रेखा के पार जाती है तो 4 रन बनते हैं। अगर बल्लेबाज़ के शाट से या और किसी भी मान्यता प्राप्त तरीके से गेंद मैदान में टप्पा खाए बिना बाउंड्री के बाहर चली जाती है तो 6 रन बनते हैं।

अगर गेंद के बाउंड्री पार करने पर जो रन मिलने हैं उससे ज़्यादा रन बल्लेबाज़ों ने भाग कर बना लिए हैं तो ज़्यादावाले रन स्कोर में जुड़ेंगे।

अगर ओवर थ्रो से गेंद बाउंड्री से बाहर जाती है तो बल्लेबाज़ ने जो रन भागकर बनाए हैं बाउंड्री के रन उनमें जुड़ जाएंगे।

नियम 20

गेंद खो जाना

अगर खेल के दौरान गेंद खो जाती है और नहीं मिलती तो गेंद खो गई की घोषणा कर दी जाएगी और स्कोर में 6 रन जुड़ जाएंगे।

नियम 21

परिणाम

अगर मैच में दोनों की दो-दो पारियां हैं या एक-एक पारी है तो पूरी हुई पारियों के बाद जिस टीम ने ज़्यादा रन बनाए होंगे वह मैच जीतेगी। एक पारीवाले मैच में परिणाम और भी

कई तरह से निकल सकता है। अगर कोई एक टीम एक पारी खेलकर ही इतने रन बना लेती है कि दूसरी टीम दो पारियों में भी नहीं बना पाती तो वह पारी के अंतर से जीत जाएगी।

नियम 22

ओवर

क्रिकेट के इस समय के मान्य नियमों के अनुसार एक ओवर में 6 गेंद होती हैं। जैसे ही एक ओवर पूरा हो जाता है तो गेंद डैड हो जाती है। अंपायर ओवर खत्म होने पर ओवर कहते हैं।

अगर अंपायर ओवर की गेंदों की गिनती में कोई गलती कर जाते हैं तो अंपायर की गणना को ही मान्यता दी जाएगी। एक गेंदबाज़ एक पारी में दो लगातार ओवर नहीं फेंक सकता। अगर किसी गेंद को नो बाल या वाइड बाल मान लिया गया है तो उसे ओवर में नहीं गिना जाएगा। एक ओवर जो शुरू हुआ है वह पूरा ज़रूर होगा (बशर्ते मैच या पारी खतम न हो गए हों) अगर किसी गेंदबाज़ को ओवर के बीच में ओवर पूरा करने से रोक दिया जाता है तो उस अधूरे ओवर को और कोई गेंदबाज़ पूरा करेगा।

नियम 23

डैड बाल

मैच के दौरान निम्न परिस्थितियों में गेंद डैड हो जाती है—

1. जब ये अंत में विकेटकीपर या गेंदबाज़ के हाथ में पहुंच जाए।
2. जब ये सीमा रेखा पर पहुंच जाए या उसके पार चली जाए।
3. जब कोई बल्लेबाज़ ऑउट हो जाए।
4. गेंद को खेला गया हो या न खेला गया हो—ये बल्लेबाज़ या अंपायर के कपड़ों में फंस जाए।
5. जब गेंद क्षेत्र-रक्षण कर रही टीम के किसी खिलाड़ी के हेलमेट में फंस जाए।
6. जब गेंद खो जाए।
7. जब ओवर पूरा हो जाए।

निम्न परिस्थितियों में गेंद डैड नहीं होती—

1. जब गेंद अंपायर को लगे पर उसके कपड़ों में न फंसे।
2. जब गेंद विकेट पर लगे—पर इससे बल्लेबाज़ ऑउट न हुआ हो।
3. अपील मानी न गई हो।
4. गेंदबाज़ द्वारा गेंद फेंकने के दौरान या बल्लेबाज़ द्वारा रन लेने के दौरान विकेट तोड़ दिया गया हो।
5. अंपायर ने नो बाल या वाइड बाल की घोषणा कर दी हो।

नियम 24

नो बाल

यह क्रिकेट के सबसे विवादास्पद नियमों में से एक है। आमतौर पर यह नियम गेंदबाज़ के गेंद फेंकने के समय की पैरों की स्थिति से जुड़ा हुआ है। नो बाल की पेनल्टी पर 1 रन बनता है। स्ट्राइक लेनेवाला बल्लेबाज़ नो बाल को हिट कर सकता है और ऐसे में जो रन बनेंगे वह उसके स्कोर में जुड़ेंगे।

सही गेंद

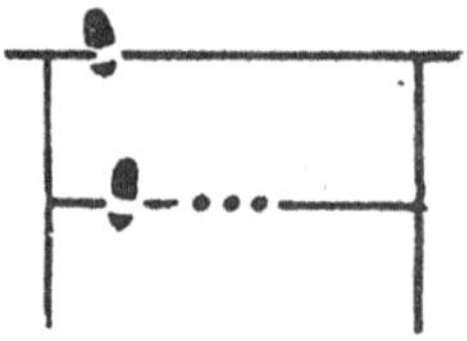

फ्रंट फुट का कुछ हिस्सा पॉपिंग क्रीज से पीछे है जबकि बैक फुट रिटर्न क्रीज के अन्दर है

बैक फुट रिटर्न क्रीज के अंदर है और फ्रंट फुट पॉपिंग क्रीज से पीछे है

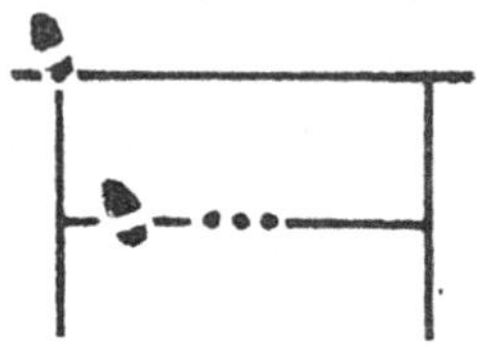

बैक फुट रिटर्न क्रीज के अंदर है और फ्रट फुट का कुछ हिस्सा पॉपिंग क्रीज के पीछे है

बैक फुट की एड़ी जमीन पर नहीं लगी है अन्यथा ये बैक फुट रिटन क्रीज की लाइन आ जाता है और ये नो बाल हो जाती। फ्रंट फुट तो पॉपिंग क्रीज से कुछ पीछे है ही

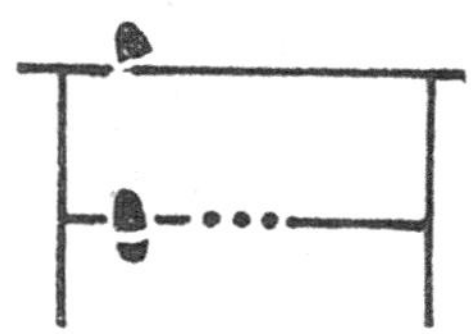

बैक फुट रिटर्न क्रीज के अन्दर है। फ्रंट फुट की एड़ी जमीन पर नहीं लगी है—अगर जमीन पर लगती तो पॉपिंग क्रीज के पीछे होती। इसीलिए ये सही गेंद है

गलत गेंद

बैकफुट रिटर्न क्रीज पर है

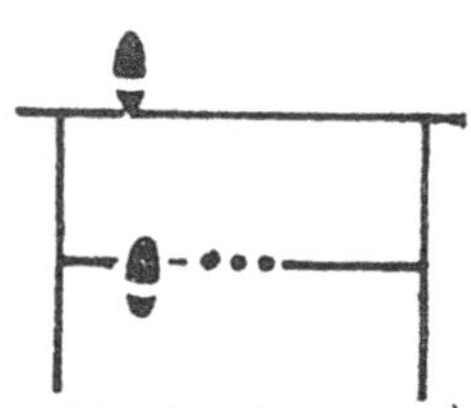

यहां फ्रंट फुट पॉपिंग क्रीज की लाईन पर है अगर जरा भी पीछे होता है तो ये नो बाल न होती

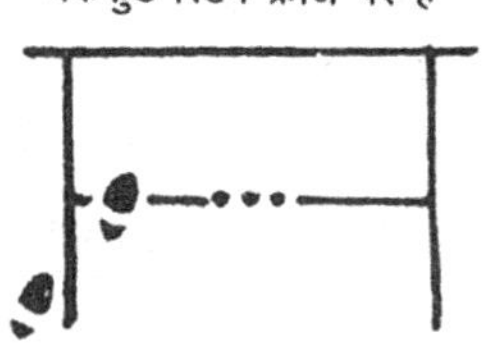

बैक फुट रिटर्न क्रीज से बाहर है

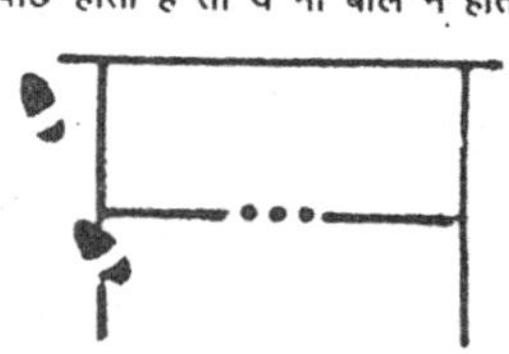

बैक फुट रिटर्न क्रीज के अंदर नहीं है

बल्लेबाज़ नो बाल पर ज़ोरदार शाट लगाने की कोशिश करते हैं और ज़्यादा-से-ज़्यादा रन बनाना चाहते हैं क्योंकि नो बाल पर ऑउट होने का खतरा कम होता है। नो बाल पर बल्लेबाज़ सिर्फ़ तीन तरह से ऑउट हो सकता है और इनमें कैच ऑउट, स्टंप्स ऑउट या बोल्ड ऑउट नहीं है जबकि आमतौर पर खिलाड़ी इन्हीं प्रचलित तरीकों से ऑउट होते हैं।

नियम 25

वाइड बाल

अगर कोई गेंदबाज़ गेंद को विकेट से बहुत ऊपर या चौड़ाई में विकेट से बहुत दूर फेंकता है तो यह वाइड गेंद हो सकती है। अगर अंपायर को यह लगता है कि बल्लेबाज़ अपनी सामान्य स्थिति में खड़ा होकर इस गेंद पर शाट नहीं लगा सकता तो वह उसे वाइड बाल घोषित करेगा। अगर इस गेंद पर कोई और रन नहीं बना है तो वाइड के लिए पेनल्टी का 1 रन मिलेगा। नो बाल की तरह से इसे भी ओवर में नहीं गिना जाता।

नियम 26

बाई एवं लैग बाई

बाई–ऐसी गेंद जो वाइड या नो बाल नहीं है और वह स्ट्राइक लेनेवाले बल्लेबाज़ के बैट या शरीर को छुए बिना निकल जाती है और उस पर कोई रन बनते हैं तो ये रन बाई कहलाएंगे। अंपायर बाई का इशारा करेंगे और इस तरह से बने हुए सभी रन स्कोर में बाई के रूप में जुड़ेंगे।

लैग बाई–अगर कोई गेंद जो वाइड या नो बाल नहीं है, अचानक ही स्ट्राइक लेनेवाले बल्लेबाज़ के शरीर को या उसके कपड़ों को (बल्लेबाज़ के जिस हाथ में बैट उसे छोड़कर) छूकर दूर चली जाती है तो इस पर लैग बाई रन बनेंगे। अंपायर लैग बाई का इशारा करेंगे और ये सभी रन टीम के स्कोर में लैग बाई के रूप में जुड़ेंगे।

नियम 27

अपील

अगर क्षेत्र-रक्षण करने वाली टीम किसी बल्लेबाज़ के खिलाफ़ ठीक समय पर ऑउट की अपील नहीं करती है तो अंपायर बल्लेबाज़ को ऑउट नहीं देंगे। अगर गेंदबाज़ के सिरे पर खड़ा हुआ अंपायर अपील को स्वीकार नहीं करता है (क्योंकि फैसला उसके अधिकार-क्षेत्र में नहीं है) तो क्षेत्र-रक्षक स्क्वायर लैग पर खड़े हुए अंपायर को अपील कर सकते हैं। अंपायर का फैसला अंतिम होता है। वैसे अंपायर अपना फैसला बदल सकते हैं।

नियम 28

विकेट का गिरना

विकेट गिरने से सम्बंधित सबसे महत्त्वपूर्ण बात यह है कि स्टंप्स के ऊपर रखी हुई दो बेल्स में से कम-से-कम एक पूरी तरह से गिर जानी चाहिए। अगर तेज़ हवा के कारण उस समय स्टंप्स पर बेल्स है ही नहीं तो विकेट गिरने का फैसला करने की पूरी ज़िम्मेदारी अंपायरों पर होती है।

नियम 29

बल्लेबाज़ का क्रीज़ से बाहर होना

अगर किसी समय बल्लेबाज़ के हाथं में मौजूद बैट का कोई भी हिस्सा या उसके शरीर का कोई हिस्सा पापिंग क्रीज़ के पीछे ज़मीन को न छू रहा हो तो उस समय उस बल्लेबाज़ को क्रीज़ से बाहर माना जाएगा।

नियम 30

बोल्ड

स्ट्राइक लेनेवाला बल्लेबाज़ तब बोल्ड ऑउट कहलाएगा जब–

1. गेंद ने भले ही स्टंप्स गिराने से पहले उसके बैट या शरीर को छू लिया हो।

2. स्ट्रोक पूरा होने से पहले ही बल्लेबाज़ गेंद को हिट कर या किक कर अपने विकेट को तोड़ देता है।

इसमें खास बात यह है कि अगर गेंद बल्लेबाज़ के शरीर को छूकर स्टंप्स पर लगती है तो बल्लेबाज़ बोल्ट ऑउट माना जाएगा–भले ही एल.बी.डब्लू. के नियम के अनुसार वह इस गेंद पर एल.बी.डब्लू. ऑउट भी हो।

नियम 31

टाइम आउट

एक बल्लेबाज़ का विकेट गिरने के समय कें 2 मिनट के अंदर नए बल्लेबाज़ को मैदान में आ जाना चाहिए। अगर अंपायर यह मानता है कि नए आनेवाले बल्लेबाज़ ने जानबूझकर देरी की है तो गेंदबाज़ के सिरे पर खड़ा हुआ अंपायर नए बल्लेबाज़ को अपील होने पर टाइम ऑउट दे सकता है।

नियम 32

कैच आउट

अगर गेंद स्ट्राइक लेनेवाले बल्लेबाज़ के बैट को छूकर या कलाई के नीचे उस हाथ में जिसमें बैट है या ग्लव्स को छूकर उछलती है तो उस गेंद के मैदान को छूने से पहले अगर कोई क्षेत्र-रक्षक कैच लपक लेता है तो बल्लेबाज़ कैच ऑउट हो जाएगा। अगर स्ट्राइक लेनेवाला बल्लेबाज़ कैच ऑउट हो जाता है तो कोई रन नहीं बनेगा।

नियम 33

हैंडल्ड द बाल (गेंद को हाथ लगाना)

अगर गेंद डैड नहीं है और कोई बल्लेबाज़ जान-बूझकर गेंद को उस हाथ से छू लेता है जिसमें बैट नहीं है तो बल्लेबाज़ को ऑउट दिया जा सकता है। इस तरह से गिरे हुए विकेट का श्रेय गेंदबाज़ को नहीं मिलता है।

नियम 34

हिट द बाल ट्वाइस (गेंद को दो बार हिट करना)

अगर स्ट्राइक लेनेवाला बल्लेबाज़ गेंद को एक बार हिट कर चुका है या गेंद उसके शरीर को लगकर रुक चुकी है और वह जान-बूझकर फिर से अपने बैट या शरीर से गेंद को हिट करता है तो वह हिट द बाल ट्वाइस के लिए ऑउट हो जाएगा। यहां यह ध्यान रखना होगा कि बल्लेबाज़ अपने विकेट की सुरक्षा के लिए हाथों के अतिरिक्त बैट या शरीर के किसी भी हिस्से से गेंद को स्टंप्स में जाने से रोक सकता है।

नियम 35

हिट विकेट

अगर कोई स्ट्राइक लेनेवाला बल्लेबाज़ किसी गेंद को खेलने की तैयारी में या शाट लगाने के एक्शन में या अपना पहला रन लेने के लिए भागते हुए अपने शरीर के किसी हिस्से, ड्रैस या उपकरण से स्टंप्स को गिरा देता है तो वह हिट विकेट ऑउट माना जाएगा।

नियम 36

एल.बी.डब्लू.

नो बाल की तरह से यह भी बड़ा विवादास्पद नियम है और आमतौर पर बल्लेबाज़ एल.बी.डब्लू. के रूप में ऑउट होकर कभी संतुष्ट नहीं दिखाई देता। स्ट्राइक लेनेवाला बल्लेबाज़ निम्न परिस्थितियों में एल.बी.डब्लू. ऑउट होगा–

1. **जब वह गेंद को खेलने की कोशिश कर रहा है**–स्ट्राइक लेने की कोशिश में वह अगर अपने शरीर के किसी हिस्से, ड्रेस या उपकरण के साथ ऐसी सही गेंद के रास्ते में आ जाता है जो अंपायर की नज़र में निश्चित रूप से उसके स्टंप्स को हिट करती। इसमें शर्त यह है कि गेंद ने इससे पहले उसके बैट या उस हाथ में जिसमें बैट है, को न छुआ हो।
2. **जब बल्लेबाज़ गेंद को खेलने की कोशिश नहीं कर रहा है**–अगर बल्लेबाज़ ऑफ स्टंप्स की लाइन से बाहर की गेंद के रास्ते में आ जाता है और अंपायर की नज़र में गेंद निश्चित रूप से उसके स्टंप्स को हिट करती तो एल.बी.डब्लू. ऑउट होगा।

नियम 37

आब्स्ट्रक्शन ऑफ द फील्ड (क्षेत्र-रक्षण में रुकावट डालना)

अगर कोई बल्लेबाज़ जान-बूझकर दूसरी टीम के गेंद को क्षेत्र-रक्षण करने के रास्ते में रुकावट बनता है तो वह आब्स्ट्रक्शन ऑफ द फील्ड के लिए ऑउट होगा। इसमें बल्लेबाज़ का किसी क्षेत्र-रक्षक को उसका कैच लपकने से रोकना भी आब्स्ट्रक्शन कहलाता है।

एल. बी.डब्लू

A बल्लेबाज आउट नहीं
(बशर्ते बल्लेबाज ने स्ट्रोक
खेलने की कतई कोशिश नहीं की
और गेंद स्टम्प्स पर लगती)

B आउट (गेंद बल्लेबाज को लाइन
में लगी है और स्टम्प्स पर लगती

C आउट (गेंद ने लाइन पर टप्पा
खाया है, लाइन पर लगी है
और स्टम्प्स को हिट करती

D आउट–ठीक C की तरह से

E आउट नहीं–गेंद लैग स्टम्प की
लाइन के बाहर टप्पा खाया है

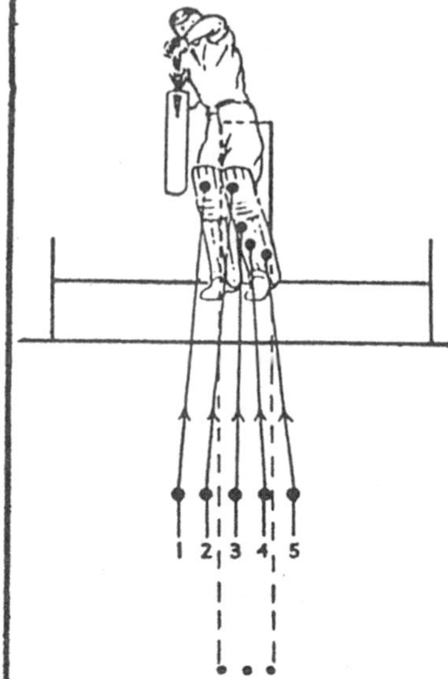

अलग-अलग स्थिति में गेंदों
और बल्लेबाज को देखिए

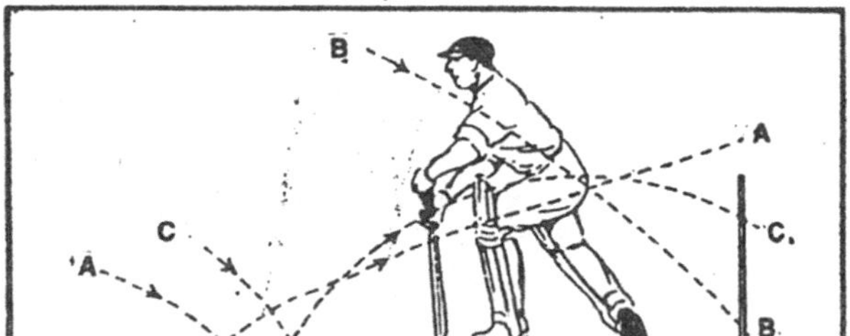

A गेंद–बल्लेबाज को टकराएगी पर स्टम्प्स से ऊपर निकल जाएगी

B और C गेंद–भले स्टम्प्स से ऊपर बल्लेबाज को टकरा रही हैं लेकिन आखिर में स्टम्प्स से टकराएंगी

नियम 38

रन आउट

अगर बल्लेबाज़ अपनी क्रीज़ से बाहर है और क्षेत्र-रक्षण कर रही टीम द्वारा उसका विकेट गिरा दिया जाता है तो वह रन आउट कहलाएगा। रन आउट के बारे में आमतौर पर यह स्पष्ट नहीं होता कि अगर एक रन लेने के लिए दोनों बल्लेबाज़ ग़लतफहमी में एक ही सिरे पर पहुंच जाते हैं तो कौन-सा बल्लेबाज़ आउट होगा।

. अगर दोनों बल्लेबाज़ों ने रन लेते हुए एक दूसरे को क्रॉस नहीं किया है तो जिस सिरे के विकेट को गिराया जाता है उस सिरे से भागा हुआ बल्लेबाज़ आउट होगा। अगर दोनों ने एक दूसरे को क्रॉस कर लिया है तो जिस सिरे के विकेट को गिराया जाएगा उस ओर भागने वाला बल्लेबाज़ आउट होगा।

नियम 39

स्टंप आउट

अगर स्ट्राइक लेनेवाला बल्लेबाज़ गेंद को खेलते हुए अपनी क्रीज़ से बाहर है और विकेटकीपर गेंद को पकड़कर किसी अन्य क्षेत्र-रक्षक के बीच में आए बिना विकेट को गिरा देता है तो बल्लेबाज़ स्टंप आउट हो जाएगा।

नियम 40

विकेटकीपर

विकेटकीपर उस समय तक स्टंप्स के पीछे रहेगा जब तक गेंदबाज़ द्वारा फेंकी गई गेंद स्ट्राइक लेनेवाले बल्लेबाज़ के बैट या शरीर को छू नहीं लेती या विकेट की लाइन को पार नहीं कर लेती या स्ट्राइक लेनेवाला बल्लेबाज़ रन लेने की कोशिश नहीं करता।

नियम 41

क्षेत्र-रक्षक

क्षेत्र-रक्षक अपने शरीर के किसी भी हिस्से से गेंद को रोक सकता है। ऑन साइड पर क्षेत्र-रक्षकों की गिनती के बारे में कुछ मैचों में प्रतिबंध लगाया जाता है। आजकल क्षेत्र-रक्षण कर रही टीम के किसी खिलाड़ी द्वारा पहने गए हैलमेट पर विवाद है। अब नियम यह है कि अगला इंटरवल होने तक यह हैलमेट विकेटकीपर के पीछे स्टंप्स की लाइन में रख दिया जाता है। अगर गेंद इस हैलमेट पर लग जाती है तो 5 रन दिए जाते हैं।

नियम 42

अनुचित खेल

दोनों टीमों और अंपायरों की यह ज़िम्मेदारी है कि मैच के दौरान नियमों को सही तरह से लागू किया जाए और किसी तरह का अनुचित खेल न हो। गेंदबाज़ द्वारा बल्लेबाज़ के शरीर को निशाना बनाकर गेंद फेंकना या फिर क्षेत्र-रक्षकों द्वारा तरह-तरह की आवाज़ें निकालकर बल्लेबाज़ की एकाग्रता खराब करना या क्षेत्र-रक्षण कर रही टीम के खिलाड़ियों द्वारा किसी भी ग़लत तरीके से गेंद को खराब करना इसी नियम में आता है। यह नियम अनुचित खेल को रोकने के लिए अंपायरों को कई तरह के अधिकार देता है। अब यह अम्पायरों की ज़िम्मेदारी है कि वे इन नियमों को किस तरह से लागू करते हैं।

क्रिकेट के खेल का स्वरूप

क्रिकेट का खेल कैसे खेला जाता है ? किसी क्रिकेट खेलनेवाले से ही अगर यह सवाल पूछा जाए तो वह आसानी से यह समझा नहीं पाएगा कि क्रिकेट का खेल कैसे खेला जाता है या फिर इस खेल में ऐसा क्या होता है जिसके बाद हम कहते हैं कि एक टीम जीती और एक टीम हारी ?

आइए सबसे पहले यह समझें कि यह खेल है क्या।

यह इस मामले में अनोखा खेल है कि इसकी अवधि निश्चित नहीं होती। अगर एक दिन का मैच हो सकता है तो 2, 3, 4, 5 दिन का मैच भी हो सकता है—यहां तक कि इतने लंबे टैस्ट मैच भी हुए हैं जिनमें पहले से यह तय हो गया कि जब तक मैच का स्पष्ट रूप से फैसला नहीं होगा मैच चलता रहेगा। यह ऐसा खेल है जिसमें हो सकता है कि 5-6 दिन के खेल के बाद भी कोई स्पष्ट परिणाम न निकले।

अगर एक दिवसीय मैच हो तो दोनों टीमें एक-एक पारी खेलती हैं। अगर मैच की अवधि इससे ज़्यादा हो तो मैच में 4 पारियां होती हैं—हर टीम के लिए दो पारियां। हर पारी में ओवरों की गिनती, मैच का समय और मैदान यह सब खेलनेवाली टीमों पर निर्भर करता है। अब इस बारे में भी नियम बन गया है कि भले ही मैच 5 दिन का टैस्ट मैच हो लेकिन हर दिन के खेल में कम से कम 90 ओवर होना ज़रूरी है। इस तरह का नियम बनाना इसलिए ज़रूरी हो गया क्योंकि क्षेत्र-रक्षक करनेवाली टीमें बल्लेबाज़ी करनेवाली टीम को ज़्यादा रन बनाने से रोकने के लिए गेंदबाज़ी गति धीमी कर देती हैं।

जब एक पारी शुरू होती है तो बल्लेबाज़ी करनेवाली टीम अपने पहले दो बल्लेबाज़ों (ओपनर) को मैदान में भेजती है। जब इनमें से कोई एक आउट होता है या रिटायर होता है तो उसकी जगह लेने नया बल्लेबाज़ मैदान में जाता है। आउट हुआ बल्लेबाज़ उस पारी में फिर से नहीं खेल सकता। मुक़ाबले के लिए क्षेत्र-रक्षण करनेवाली टीम के खिलाड़ी गेंदबाज़ी करते हैं। एक ओवर आमतौर पर 6 गेंद का होता है और यह ओवर क्रमश: एक एक सिरे से फेंके जाते हैं। कोई भी गेंदबाज़ दो लगातार ओवर नहीं फेंक सकता। हर गेंद के लिए क्षेत्र-रक्षण करनेवाली टीम का कप्तान खिलाड़ियों को मैदान में अलग-अलग जगह पर तैनात करता है। विकेटकीपर स्टंप्स के पीछे रहता है।

जब एक पारी शुरू होती है तो क्षेत्र-रक्षण करनेवाली टीम का लक्ष्य यह होता है कि वे विपक्षी टीम के 10 बल्लेबाज़ों को आउट कर दें ताकि उनकी पारी कम से कम स्कोर पर खत्म हो जाए। नियमों में हम चर्चा कर चुके हैं कि बल्लेबाज़ 10 तरीके से आउट होते हैं।

जब क्षेत्र-रक्षण करनेवाली टीम सभी 10 विकेट ले लेती है और पारी को खत्म कर देती है या बल्लेबाज़ी करनेवाली टीम का कप्तान अपनी टीम की पारी को बीच में ही समाप्त घोषित कर देता है तो क्षेत्र-रक्षण करनेवाली टीम को खुद बल्लेबाज़ी करने का मौका मिलता है।

बल्लेबाज़ का लक्ष्य यह होता है कि वह आउट न हो और ज़्यादा से ज़्यादा रन बनाए। इसके लिए वह गेंद को हिट करता है और भागकर रन बनाता है। अगर वह बाउंड्री शाट लगा लेता है तो उसे 4 या 6 रन मिलते हैं। कुछ रन टीम के स्कोर में अतिरिक्त के रूप में जुड़ते हैं जो बाई, लैग बाई, वाइड और नो-बाल से बनते हैं। जब कोई दो बल्लेबाज़ विकेट पर एक साथ होते हैं तो वे दोनों मिलकर जितने रन जोड़ते हैं उसे उनकी साझेदारी कहते हैं।

हर मैच खत्म होने पर (चाहे बरसात या खराब मौसम के कारण उसमें खेल निर्धारित अवधि से पहले ही रुक गया हो) मैच के परिणाम की घोषणा की जाती है। आमतौर पर मैच का फैसला एक टीम के लिए जीत; एक टीम के लिए हार या ड्रा होता है। मैच टाई भी हो सकता है। आमतौर पर क्रिकेट में मैच जीतने का मतलब है कि जो टीम ज़्यादा रन बनाती है, वह जीतती है।

ड्रा रहे मैचों में भी कई देशों में घरेलू टूर्नामेंट के दौरान जीत का फैसला टीम द्वारा अपने खेल से अर्जित किये गए अंकों के आधार पर हो जाता है।

एक दिवसीय मैचों में जीत के लिए कई तरह के नियम हैं। वहां उपलब्ध ओवरों की संख्या को भी ध्यान में रखना होता है। एक दिवसीय मैच में तो यहां तक संभव है कि दोनों ने बराबर-बराबर ओवर खेलकर बराबर-बराबर रन बनाए हैं लेकिन जिस टीम ने कम ओवर खोए हैं वह टीम जीत जाती है।

अगर 4 पारीवाले किसी मैच में कोई भी स्पष्ट परिणाम नहीं निकलता है तो मैच ड्रॉ हो जाता है।

क्रिकेट के मूल सिद्धांत

क्रिकेट के खेल को सीखने के लिए आपको यह पता लग गया कि क्रिकेट का खेल है क्या और इस खेल के मुख्य नियम क्या हैं। ये जानकर खेल के बारे में कुछ शक्ल हमारे सामने तैयार हो जाती है। क्रिकेट को सिखानेवाली किताबें, चाहे वह मशहूर खिलाड़ियों द्वारा लिखी गई हों या क्रिकेट के जानकार विशेषज्ञों द्वारा—क्रिकेट को सिखाने का सिलसिला बल्लेबाज़ी से शुरू करती है। हम भी सबसे पहले बल्लेबाज़ी को ही लेंगे लेकिन कोई भी बल्लेबाज़ अच्छी बल्लेबाज़ी तभी कर पाएगा जब उसे यह पता हो कि आखिरकार जिस गेंद को वह खेल रहा है वह है क्या? इसलिए किसी भी बल्लेबाज़ को सबसे पहले तो यह मालूम होना चाहिए कि गेंदबाज़ी के मूल सिद्धांत क्या हैं। ये सिद्धांत स्पष्ट है कि गेंदबाज़ों के लिए भी जानना ज़रूरी हैं।

लैंथ

आपने क्रिकेट की कमेंट्री सुनते हुए गेंद की लैंथ (लंबाई) के बारे में ज़रूर सुना होगा। नाम से ऐसा लगता है कि गेंद को नापा जा रहा है लेकिन असल में फेंकी हुई गेंद को नापा जाता है। खेलनेवाले बल्लेबाज़ के लिए वह गेंद किस तरह से फेंकी गई है या उस गेंद ने कहां टप्पा खाया है, यह गेंद की लंबाई तय करती है। इस गेंद की लंबाई का जायज़ा लेकर ही बल्लेबाज़ को यह तय करने में मदद मिलती है कि वह इस पर किस तरह का शाट लगाए। साथ में बने चार्ट से आपको पता लग जाएगा कि सामान्य परिस्थितियों में गेंद पिच में किस जगह टप्पा खाए तो उसे किस लैंथ की गेंद मानते हैं।

आमतौर पर निम्न लैंथ की गेंद होती हैं—

1. **गुड लैंथ**—आमतौर पर पिच के बीच में टप्पा खानेवाली गेंद को गुड लैंथ गेंद कहते हैं।
2. **शार्ट बाल**—यह अच्छी गेंदबाज़ी नहीं है। बल्लेबाज़ शार्ट गेंद को आसानी से हिट कर लेते हैं। शार्ट ऑफ लैंथ गेंद इसमें कुछ अच्छी होती है पर यह भी बल्लेबाज़ को रन बनाने का मौका देती है।
3. **हॉफ वाली**—गुड लैंथ से आगे टप्पा खानेवाली गेंद हॉफ वाली होती है। इस गेंद को टप्पा खाने के फौरन बाद हिट करना चाहिए।
4. **यार्कर**—इसमें गेंद लगभग बल्लेबाज़ के पैर के पास टप्पा खाती है और फिर पिच से लगी हुई स्टंप्स की ओर जाती है।
5. **फुल टास**—यह बल्लेबाज़ के लिए तोहफे की गेंद है। यह टप्पा खाए बिना बल्लेबाज़ तक पहुंचती है और बल्लेबाज़ को आसानी से रन बनाने का मौका देती है।
6. **बाउंसर**—यह बहुत तेज़ गेंद होती है और पिच पर टप्पा खाकर बल्लेबाज़ की छाती और सिर की ओर उछलती है। इसी का एक खराब रूप बोमर गेंद है। यह ऊंची उछली हुई खतरनाक फुल टास गेंद होती है। इस तरह की गेंद नहीं फेंकनी चाहिए।

बाउंस

फेंकी गई गेंद का उछाल बल्लेबाज़ी की तकनीक में बड़ी महत्त्वपूर्ण भूमिका अदा करता है। गेंद का उछाल सिर्फ गेंद फेंकने के तरीके पर ही निर्भर नहीं करता बल्कि पिच की हालत

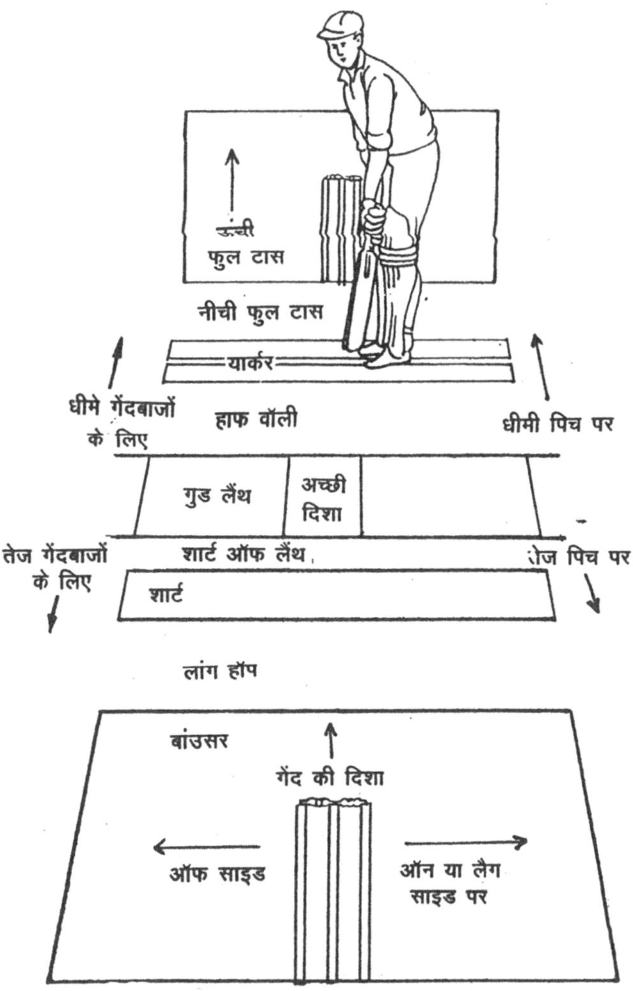

और गेंद की हालत पर भी बहुत कुछ निर्भर करता है। कई बार पिच ही इतनी तेज़ होती है कि वह साधारण-सी गेंद को भी खूब उछालती है और वह गेंद खतरनाक बन जाती है। आमतौर पर जो गेंद बल्लेबाज़ को हिट लगाने के समय घुटनों से नीचे मिलती है उसे नीची बाउंसवाली गेंद और इसके ऊपर की गेंद को ऊंची बाउंसवाली गेंद कहते हैं। गेंद की लैंथ का अंदाज़ा हो और गेंद के बाउंस का पता लग जाए तो बल्लेबाज़ को यह तय करने में आसानी हो जाती है कि वह गेंद पर आगे आकर शाट लगाए या पीछे रहकर शाट लगाए।

गेंद की दिशा

गेंद की लैंथ की तरह से गेंद की दिशा भी बड़ी महत्त्वपूर्ण है। अगर गेंदबाज़ गेंद को गुड लैंथ पर मिडिल और ऑफ स्टंप की दिशा में फेंकता है तो इस तरह की गेंद के साथ वह बल्लेबाज़ को गेंद खेलने के लिए मज़बूर कर सकता है। गेंद की दिशा बल्लेबाज़ की योग्यता पर बहुत निर्भर करती है।

होशियार गेंदबाज़ इसके लिए पिच और मौसम का भी खूब फायदा उठाते हैं जैसे कि नम मौसम स्विंग गेंदबाज़ी की मदद करता है। जो गेंदबाज़ ऐसी गेंद फेंकता है जिससे वह बल्लेबाज़ को गेंद खेलने के लिए मज़बूर नहीं कर सकता तो समझ लीजिए वह अपनी गेंद खराब कर रहा है। बल्लेबाज़ गेंद को खेलेगा तभी तो वह कभी न कभी ग़लती करेगा। और ग़लती करेगा तभी तो आउट होगा।

दिशा का महत्व

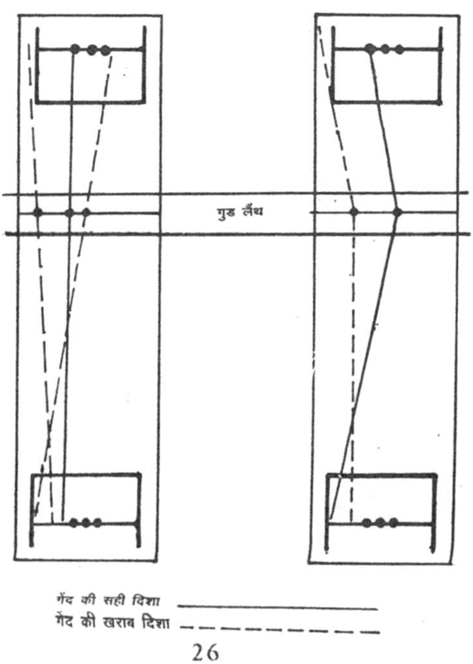

बल्लेबाज़ी

कोई भी बच्चा हो बड़ा, जब पहली बार क्रिकेट का खेल खेलता है या खेलना चाहता है तो वह बल्लेबाज़ बनना चाहता है क्योंकि हाथ में बैट पकड़कर गेंद को हिट करने का अपना अलग ही आकर्षण है। क्रिकेट की किताबें हर शाट को लगाने के लिए तरह-तरह की किताबी तरीके बताती हैं लेकिन ऐसे बल्लेबाज़ बहुत कम हैं जो इन किताबी तरीकों से शाट लगाते हैं। विव रिचर्डस जैसे बल्लेबाज़ का कहना है कि किसी भी बल्लेबाज़ को रन बनाने के लिए वह तरीका अपनाना चाहिए जो उसे ठीक लगता हो और जिससे आसानी से खेल सके। संजय मांजरेकर जैसे बल्लेबाज़ सही किताबी स्ट्रोक लगाते हैं।

बल्लेबाज़ी के सिद्धांत

बल्लेबाज़ी सीखने से पहले बल्लेबाज़ी के कुछ सिद्धांत जानने ज़रूरी हैं। इन सिद्धांतों को जानने के बाद ही आप अलग-अलग तरह के स्ट्रोक लगा सकेंगे।

1. ग्रिप

ग्रिप का मतलब है कि आपने बैट कैसे पकड़ा है? अगर सही ढंग से बैट न पकड़ा हो तो सही तरह से शाट भी नहीं लगा सकते।

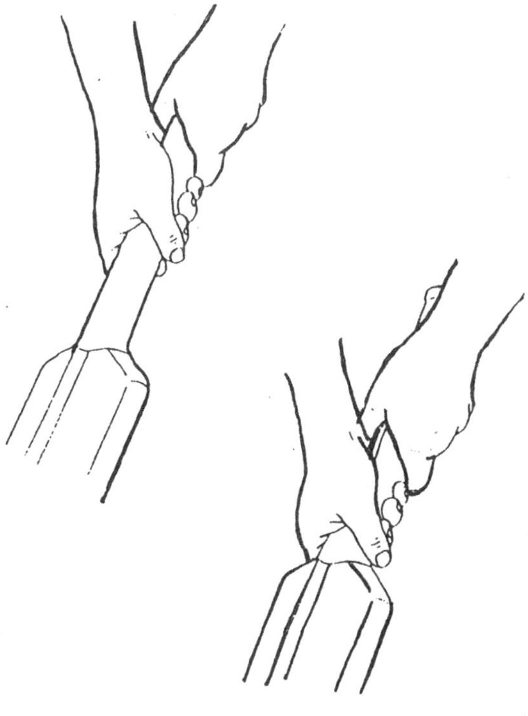

दाएं हाथ के बल्लेबाज़ के लिए बैट पकड़ते हुए दायां हाथ नीचे और बायां हाथ ऊपर होता है। अगर दोनों हाथों से हैंडल के ऊपरी सिरे को पकड़ा हुआ है तो इससे बैट की लंबाई ज़्यादा हो जाती है लेकिन बैट पर नियंत्रण कम हो जाता है। अगर हाथ बैट के ब्लेड के क़रीब है तो भले ही बैट की लंबाई कम हो जाती है लेकिन हाथों का बैट पर नियंत्रण ज़्यादा खूब हो जाता है।

कई अच्छे-अच्छे बल्लेबाज़ अपने क्रिकेट-जीवन के दौरान अपनी ग्रिप को बदलते हैं और इससे वे अपने खेल में सुधार लाते हैं।

2. स्टांस

जिस तरह से बैट सही तरह से पकड़ना चाहिए उसी तरह से बल्लेबाज़ को भी गेंद को खेलने के लिए स्टंप्स के सामने पिच पर ठीक तरह से खड़ा होना चाहिए। अगर ठीक तरह नहीं खड़े होंगे तो गेंद को खेलने के लिए ठीक तरह से तैयार नहीं हो सकते।

आमतौर पर सही स्टांस वह है जिसमें शरीर का पीछे का हिस्सा स्टंप्स के एक ओर हो जाता है लेकिन बल्लेबाज़ की दोनों आखें गेंदबाज़ को सामने से देखती हैं। बल्लेबाज़ को इस तरह से खड़ा होना चाहिए कि वह बैट को ज़मीन पर रखकर भी अपनी ज़्यादा से ज़्यादा लंबाई बनाए रख सके। दोनों पैरों के बीच का अंतर लगभग बैट की चौड़ाई के बराबर होना चाहिए और शरीर का वज़न दोनों पैरों पर बराबर डालना चाहिए। पीछेवाला पैर क्रीज़ के समानांतर होना चाहिए। आगेवाला पैर या तो इसके सामानांतर या कवर प्वांइट की दिशा में होना चाहिए। अगर पैर आपस में जुड़े रहेंगे तो बल्लेबाज़ की मूवमेंट को रोकेंगे।

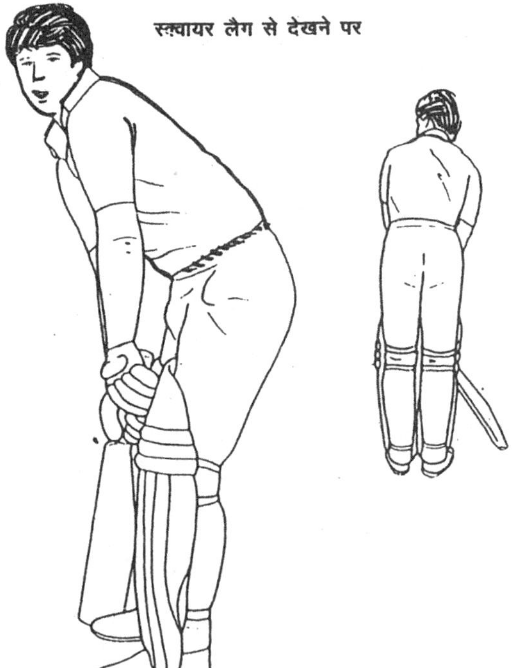

3. गार्ड

जब बल्लेबाज़ अपनी पारी खेलने के लिए विकेट पर जाता है तो पहली गेंद का सामना करने से पहले वह अंपायर से गार्ड मांगता है। इस गार्ड का मतलब यह है कि वह बैट कहां रखे ? वह अंपायर से अपने बैट की स्थिति के बारे में जानकारी हासिल करता है। इसके लिए बैट को ज़मीन पर रखना होता है और अंपायर चूंकि दोनों स्टंप्स की लाइन को देखते हैं इसलिए अंपायर यह बिलकुल ठीक-ठीक बता सकता है कि बल्लेबाज़ का बैट ऑफ स्टंप पर है या मिडिल स्टंप पर है या लैग स्टंप पर है। अब यह बल्लेबाज़ को तय करना होता है कि वह कैसा चाहता है।

उदाहरण के तौर पर अगर लैग स्टंप का गार्ड लिया गया है और ऑफ स्टंप को खुला छोड़ दिया गया है तो इसका मतलब है कि बल्लेबाज़ लैग साइड पर बहुत कम खेलना चाहता है। अगर बल्लेबाज़ मिडिल स्टंप या मिडिल स्टंप और लैग स्टंप के बीच में गार्ड लेता है तो बल्लेबाज़ को विकेट के चारों ओर ज़्यादा स्ट्रोक खेलने होंगे और इससे बल्लेबाज़ के एल.बी.डब्लू. आउट होने का खतरा बढ़ जाएगा।

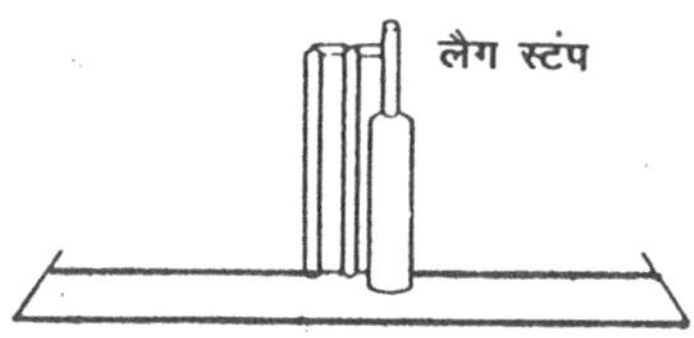

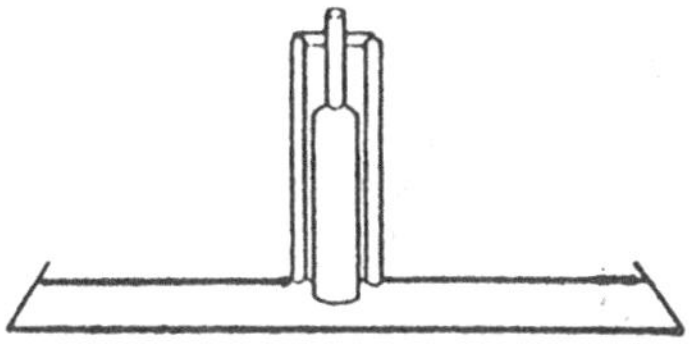

4. बैक लिफ्ट

सही स्ट्रोक लगाने के लिए बैट सही तरह से उठना चाहिए। खासतौर पर बैट को जब पीछे की ओर उठाया जाए तब तो उसमें कोई ग़लती नहीं होनी चाहिए। ज़्यादातर शाट के लिए बैट पीछे की ओर ही उठाया जाता है। सही तरीका यह है कि असल स्ट्रोक के बारे में सोचने से पहले ही बैट को पीछे की ओर उठाना शुरू कर देना चाहिए और हैंडल पर ऊपरवाले हाथ का बैट पर पूरा नियंत्रण होना चाहिए। कलाइयां इस तरह से हों ताकि बैट का पूरा ब्लेड गेंद का सामना करने के लिए सामने हो। बैक लिफ्ट के दौरान सिर को हिलाना नहीं चाहिए क्योंकि सिर हिलाने का मतलब है बल्लेबाज़ की पूरी स्थिति बदल जाना।

इस सब जानकारी के बाद खिलाड़ी के बारे में कहा जा सकता है कि वह बल्लेबाज़ी की बारीकियां सीखने के लिए तैयार है।

वैसे तो क्रिकेट के स्ट्रोक कई तरह के हैं लेकिन नए खिलाड़ियों की आसानी के लिए हम इन्हें दो हिस्सों में बांट सकते हैं—एक तो बैक स्ट्रोक और फारवर्ड स्ट्रोक। आसानी से समझने के लिए बैक स्ट्रोक का मतलब है जिन्हें बल्लेबाज़ पीछे हटकर खेलता है और फारवर्ड स्ट्रोक का मतलब है जिन्हें बल्लेबाज़ आगे आकर खेलता है। अब हम इन दोनों तरह के स्ट्रोक की विस्तार से चर्चा करेंगे।

बैक स्ट्रोक

स्टांस में देखा कि बैक फुट क्रीज़ के समानांतर होता है। बैक फुट स्ट्रोक की शुरुआत करते समय तक यह पैर क्रीज़ के समानांतर ही रहना चाहिए। अगर पैर की स्थिति बदली तो समझिए गलती हुई। निम्न स्ट्रोक आमतौर पर बैक स्ट्रोक के रूप में खेले जाते हैं—

1. सुरक्षात्मक बैक स्ट्रोक
2. आक्रामक बैक स्ट्रोक

आक्रामक बैक स्ट्रोक—ये भी कई तरह के है। इनमें से प्रमुख हैं—

1. स्ट्रोक ड्राइव एवं विकेट के सामने ड्राइव
2. पुल
3. हुक
4. स्क्वायर कट
5. लेट कट
6. लैग ग्लांस

बैक फुट स्ट्रोक

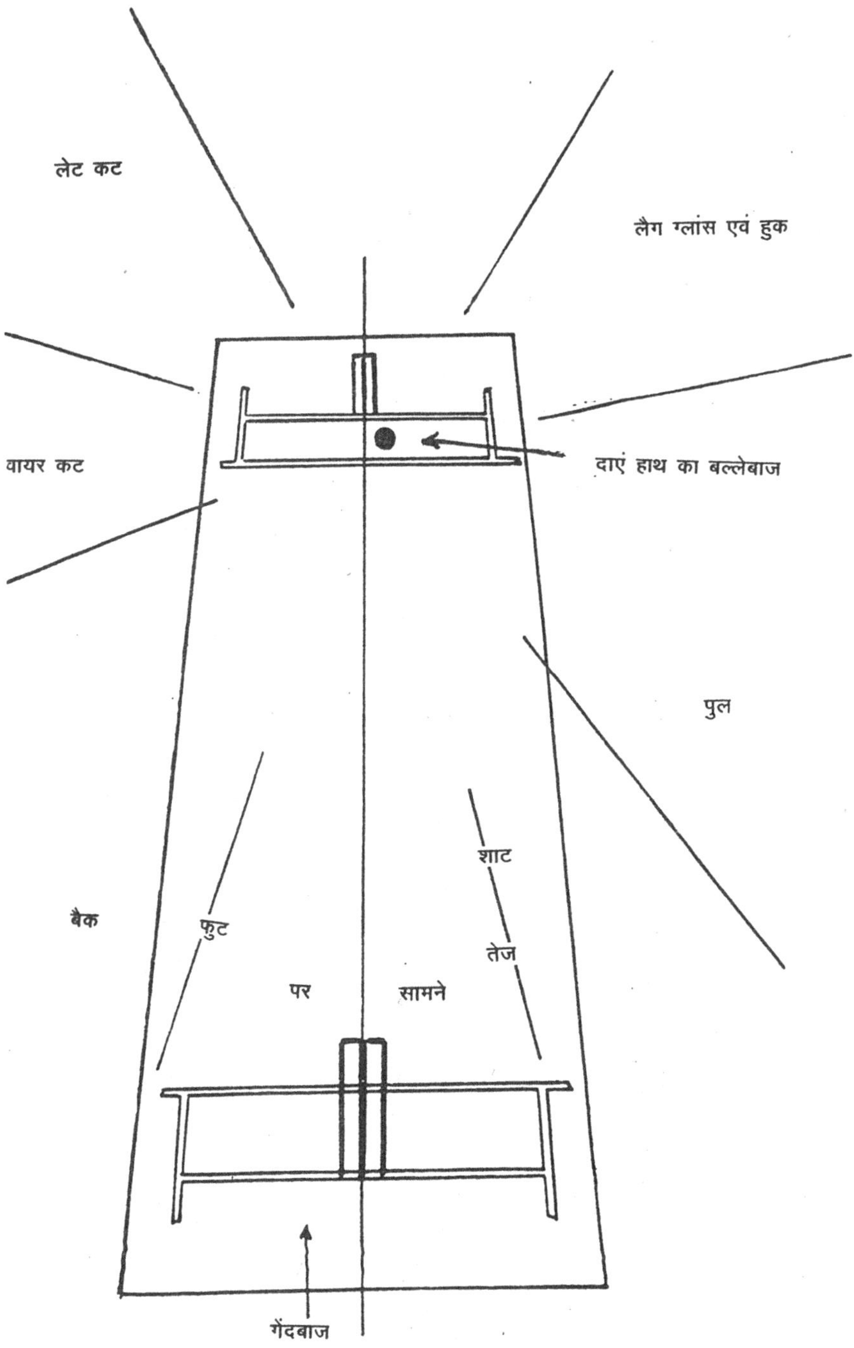

सुरक्षात्मक बैक स्ट्रोक

अगर तेज गेंदबाज़ का सफलता से सामना करना है तो इस स्ट्रोक को खेलना बहुत ज़रूरी है। यह स्ट्रोक शार्ट ऑफ लैंथ गेंद पर खेला जाता है। यह जितना आसान लगता है उतना आसान है नहीं।

इसमें सबसे ज़रूरी बात यह है कि बल्लेबाज़ का शरीर बिलकुल सीधा रहना चाहिए और बैट का पूरा ब्लेड गेंद के सामने होना चाहिए। बैट पर पूरा नियंत्रण होगा तभी आप गेंद को हिट करने के बाद उसे नीचे रख सकेंगे अन्यथा विकेट के नजदीक खड़ा क्षेत्र-रक्षक कैच लपकने में कोई ग़लती नहीं करेगा। बैट ऊपर से गेंद की ओर नीचे आता है और इरादा यही है कि बल्लेबाज़ गेंद को अपने सामने गिरा दे।

आक्रामक बैक स्ट्रोक

यह स्ट्रोक कई हैं। अब इनमें से हम हर एक की चर्चा करेंगे–

1. स्ट्रेट ड्राइव

यह स्ट्रोक सीधी और शार्ट गेंद पर खेला जाता है और इरादा यही होता है कि सामने के स्टंप्स के दोनों ओर इसे हिट किया जाए।

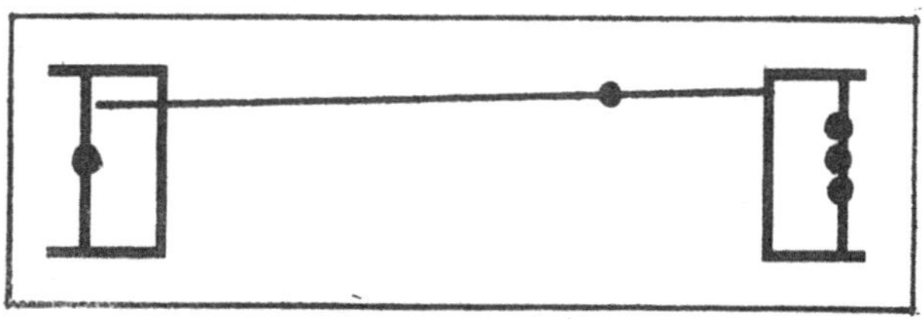

बैट को ऊंचा उठाइए और पिछले पैर को मिडिल स्टंप की दिशा में जितना पीछे हो सके ले जाइए लेकिन पैर की दिशा ऑफ साइड की ओर ही रहनी चाहिए। अपने बाएं पैर की एड़ी उठाइए और इसके साथ ही बाएं कंधे को उठाते हुए बैट को आगे लाइए। इस स्थिति में शरीर का पूरा वज़न बैक फुट पर आ जाएगा।

निगाह पूरी तरह से गेंद पर होनी चाहिए और पूरे बैट के ब्लेड से गेंद को हिट किया जाता है। इस ड्राइव का फालो थ्रो बहुत ज़रूरी है और दाएं कंधे को बैट की दिशा में घुमाते हुए बैट को कंधों के पीछे ले जाकर स्ट्रोक को पूरा कीजिए।

2. पुल

यह धीमी गति के या मध्यम तेज़ गति के गेंदबाज़ की उस शार्ट ऑफ लैंथ गेंद पर खेला जाता है जिसने ऑफ स्टंप या इसके करीब टप्पा खाया है।

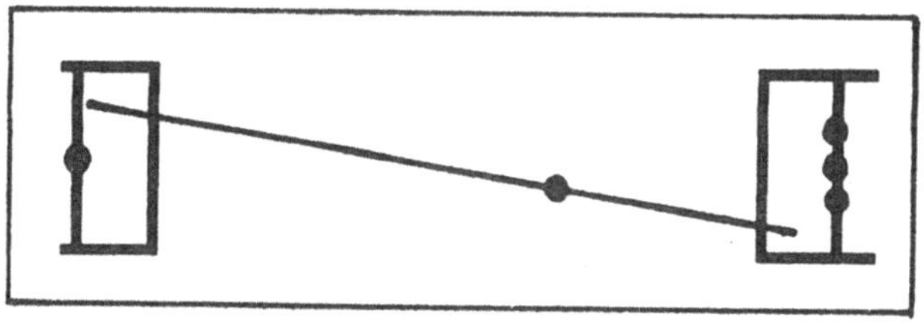

दायां पैर पीछे की ओर स्टंप की दिशा में जाता है। बैक लिफ्ट में बैट को कंधे तक ले जाते हैं और ऐसे में बायां कंधा गेंद के सामने आ जाता है। दाएं पैर की दिशा एक्सट्रा कवर की ओर होती है और शरीर का वजन दाईं टांग पर होता है।

अब बैट को शरीर से दूर करते हुए ज़मीन के समानांतर दिशा में गेंद पर लाया जाता है और बैट की दिशा दाईं ओर से बाईं ओर होनी चाहिए और उसी तरह से कंधे भी दाईं ओर से बाईं ओर घूमने चाहिएं। निगाह पूरी तरह से गेंद पर होनी चाहिए और इस तरह से यह शाट लैग की ओर लगाया जाता है। चूंकि ऑफ स्टंप की गेंद को लैग की ओर हिट किया गया है इसलिए बल्लेबाज़ का पूरा शरीर घूम जाता है।

3. हुक

यह शॉट ऐसी तेज़ गेंद पर खेला जाता है जो बहुत शार्ट है और मिडिल या लैग स्टंप की लाइन में आ रही है तथा छाती तक या इससे ऊंची उछलेगी।

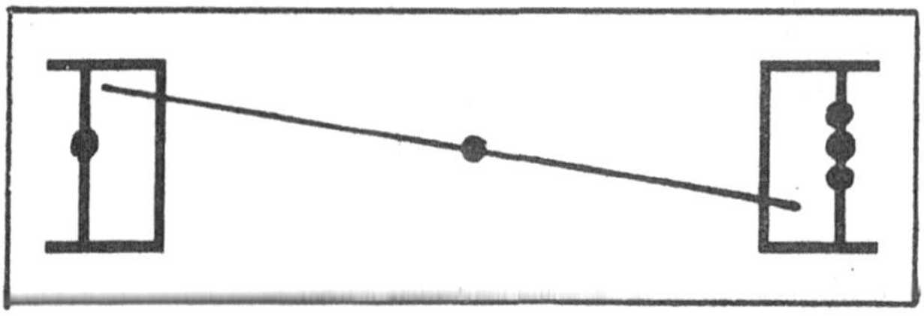

पुल की तरह से बैट को पीछे की तरफ ऊपर उठाया जाता है और उसके बाद पुल की तरह से बैट को नीचे लाया जाता है। पुल में गेंद को नीचे रखने की कोशिश की जाती है लेकिन इसमें हाथों को ऊंचा रखा जाता है और दाएं हाथ को ऊपर उठाकर गेंद को हिट कर दिया जाता है। निगाह स्ट्रोक लगाने के बाद भी गेंद का पीछा करती रहती है। इस स्ट्रोक के लिए ज़रूरी है कि फालो थ्रू में बैट को पूरा घुमाया जाए और शरीर को संतुलन में रखा जाए।

यह स्ट्रोक बहुत अनुभवी जांबाज़ बल्लेबाज़ लगाते हैं। अगर यह स्ट्रोक सही तरह से न लगे तो न सिर्फ़ इस पर आसान कैच उछल जाएगा बल्कि बल्लेबाज़ को चोट भी लग सकती है। क्रिकेट इतिहास में ढेरों बल्लेबाज़ हुक शाट लगाने में ग़लती कर अपने सिर पर चोट खा चुके हैं।

4. स्क्वायर कट

ऐसी गेंद पर, जो शार्ट पिच हो, और ऑफ स्टंप से काफी बाहर हो उस पर यह कट लगाया जाता है।

दायां पैर पीछे जाता है और बायां पैर पंजों के बल पर उठता है। बायां कंधा विकेट के सामने आ जाता है तथा बैट को पीछे उठाकर गेंद को हिट करने को तैयारी की जाती है।

जब गेंद को हिट किया जाता है तो बैट का पूरा ब्लेड गेंद के सामने होता है और गेंद हिट करते समय ऐसा लगता है कि बैट वहीं रुक गया। इसी से शाट लगाने पर गेंद को दिशा

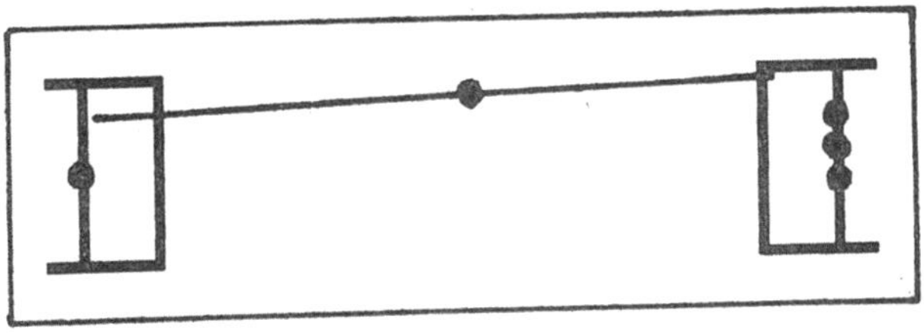

मिलती है। इसमें सबसे ज़रूरी यही है कि गेंद को नीचे रखने की कोशिश करनी चाहिए। फालो थ्रू में बैट को घुमाते हुए बाएं कंधे के ऊपर तक लाते हैं ताकि शरीर का संतुलन बना रहे।

5. लेट कट

यह बड़ा आकर्षक कट है। यह शार्ट ऑफ लैंथ गेंद पर उस समय खेला जाता है जब गेंद दाएं हाथ के बल्लेबाज़ के लिए दाईं टांग के करीब से थर्ड मैन की दिशा में जा रही है। यह कट ऑफ स्पिनर या इन स्विंगर गेंद पर कभी नहीं लगाया जाता।

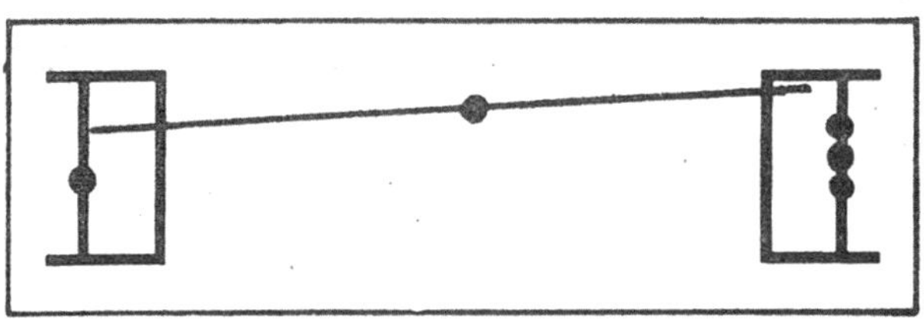

दायां पैर पीछे की ओर ऑफ स्टंप्स से बाहर आता है। बायां कंधा पूरी तरह से विकेट के सामने आ जाता है। जब गेंद को हिट किया जाता है तो दायां हाथ न सिर्फ गेंद को ऑफ साइड की ओर पीछे की ओर दिशा देता है बल्कि गेंद के ऊपर से आकर इसे नीचे रखने में भी मदद देता है। निगाह बैट के गेंद को हिट करने पर होनी चाहिए।

→कट के बाद भी दायां हाथ बाएं हाथ के ऊपर उस समय तक आते रहना चाहिए जब तक कि बैट का ब्लेड पूरी तरह से उलटा न हो जाए। उसके बाद बैट को फालो थ्रू में बाएं कंधे पर ले जाना चाहिए। गेंद को हिट करने के समय से फालो थ्रू पूरा होने तक सिर नहीं हिलना चाहिए।

यह बड़ा खूबसूरत स्ट्रोक है और आमतौर पर कलाई की मदद से खेलनेवाले बल्लेबाज़ इसे लगाते हैं। भारत का भूतपूर्व टैस्ट खिलाड़ी गुंडप्पा विश्वनाथ लेट कट लगाने में माहिर था।

6. लेग ग्लांस

आमतौर पर लैग ग्लांस फ्रंट फुट पर लगाया जाता है लेकिन इसे बैक फुट पर भी लगाया जा सकता है। यह ऐसी शार्ट ऑफ लैंथ गेंद पर लगाया जाता है जिसने लैग स्टंप या इसके बाहर टप्पा खाया है और जो लैग साइड की दिशा की ओर जा रही है। यह स्ट्रोक सिर्फ़ तेज़ पिचों पर खेला जाता है।

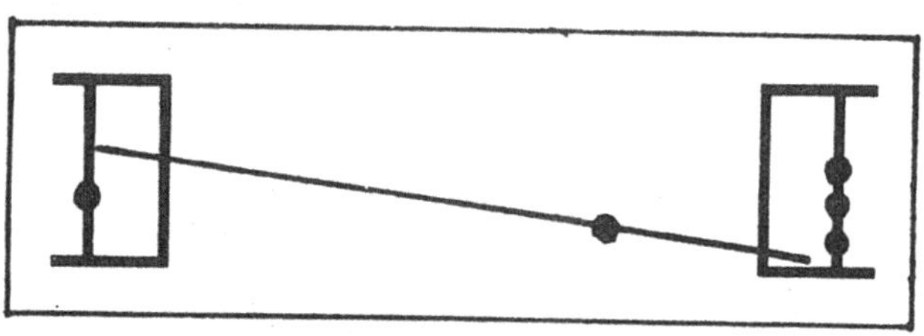

बैट की मदद से गेंद को स्क्वायर या फाइन लैग की तरफ दिशा दी जाती है। लैग ग्लांस के बारे में आगे विस्तार से चर्चा करेंगे।

7. फारवर्ड स्ट्रोक

ज़्यादातर बल्लेबाज़ फारवर्ड स्ट्रोक खेलना पसंद करते हैं। इन्हें खेलना अपेक्षाकृत आसान भी समझा जाता है। आमतौर पर प्रचलित फारवर्ड स्ट्रोक ये हैं–

1. फारवर्ड सुरक्षात्मक स्ट्रोक
2. आक्रामक फारवर्ड स्ट्रोक

फारवर्ड स्ट्रोक

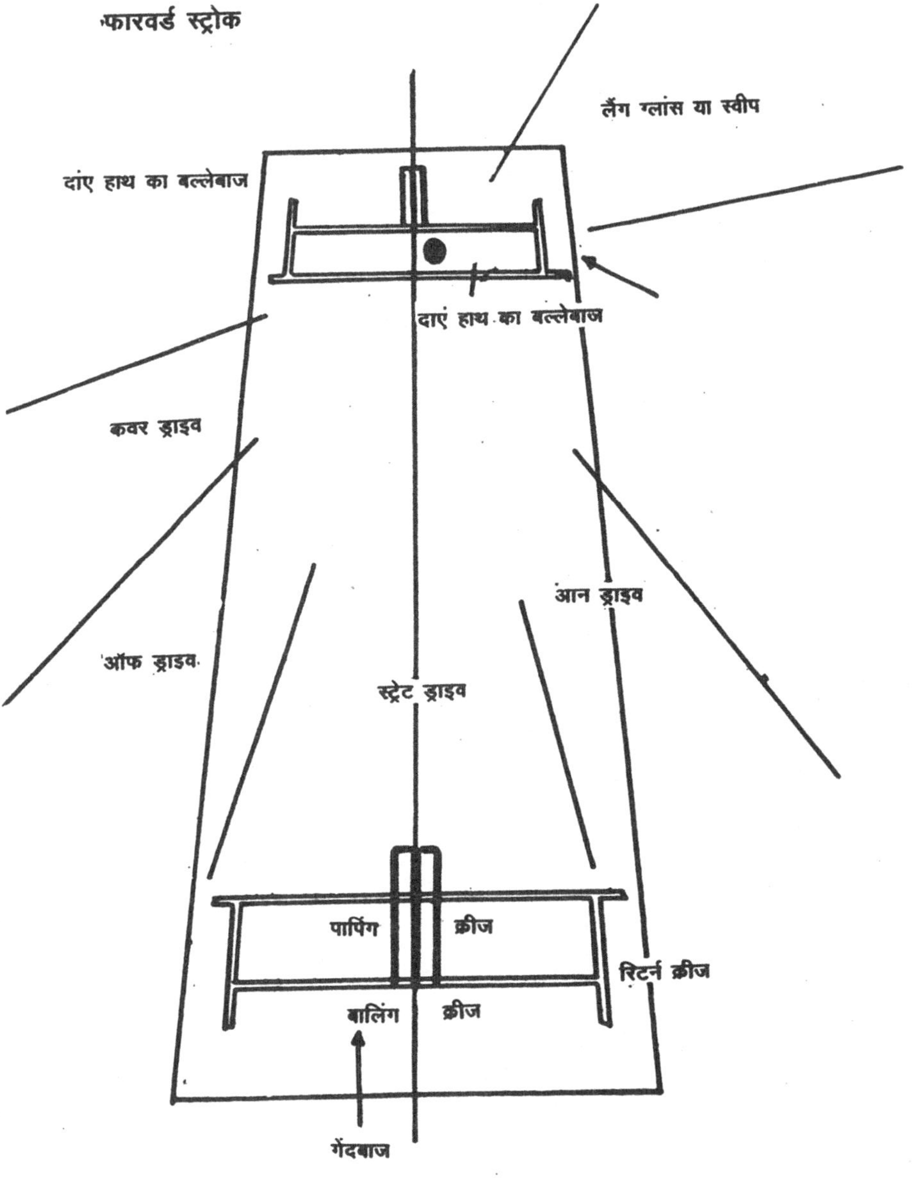
लैंग ग्लांस या स्वीप
दाए हाथ का बल्लेबाज
दाएं हाथ का बल्लेबाज
कवर ड्राइव
आन ड्राइव
ऑफ ड्राइव
स्ट्रेट ड्राइव
पापिंग क्रीज
रिटर्न क्रीज
बालिंग क्रीज
गेंदबाज

आक्रामक फारवर्ड स्ट्रोक मुख्यत: निम्न लगाए जाते हैं–

3. ऑफ ड्राइव
4. ड्राइव
5. कवर ड्राइव
6. ऑन ड्राइव
7. लाफ्टेड ड्राइव
8. लैग ग्लांस
9. स्वीप

फारवर्ड डिफेंसिव स्ट्रोक

तेज गेंदबाज़ के सामने आगे की ओर कभी-कभी सुरक्षात्मक स्ट्रोक खेलना पड़ता है। अगर बल्लेबाज़ यह स्ट्रोक खेलने लगे तो तेज़ गेंदबाज़ का मनोबल टूट जाता है। इसमें बैट को पीछे उठाकर जब गेंद को हिट किया जाता है तो बैट पर बाएं हाथ का पूरा नियंत्रण होता है और इस स्ट्रोक का लक्ष्य यही है कि गेंद को नीचे ग्राउंड पर हिट करना है। बल्लेबाज़ इस शाट के लिए अपना वज़न आगे की ओर जितना डालेगा वह उतना ही सफल रहेगा। निगाह पूरी तरह से गेंद पर रहनी चाहिए।

इस सब में जरा-सी भी गल्ती हुई तो विकेट के नज़दीक खड़े हुए क्षेत्र-रक्षक को कैच मिल जाएगा।

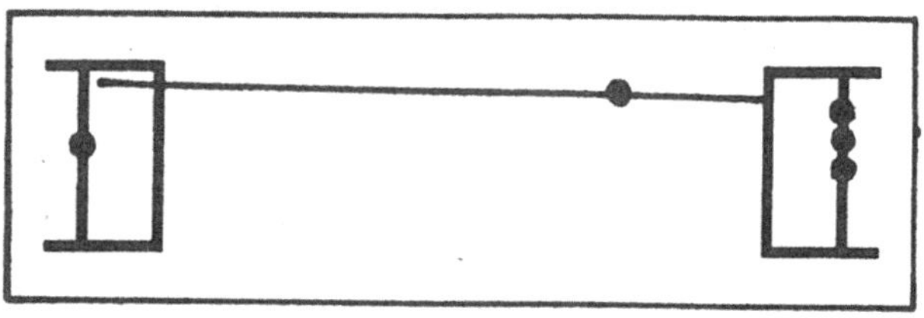

आक्रामक डिफेंसिव स्ट्रोक

1. ड्राइव

अगर बल्लेबाज़ गेंद की लाइन और लैंथ का सही अंदाज़ा लगा लेता है तो यह सबसे कम जोखिमवाले स्ट्रोक में से एक है। गेंद को पूरे बैट से हिट करना ज़रूरी है–अगर गेंद ने बैट का किनारा छू लिया तो कैच उछल जाएगा।

ड्राइव के लिए शरीर का सही संतुलन बहुत ज़रूरी है। ड्राइव के लिए बल्लेबाज़ या तो अपने बाएं पैर को ऑफ स्टंप की ओर क्रीज़ के बाहर ले जाते हैं या फिर कुछ बल्लेबाज़ अपने बाएं पैर को ऑफ स्टंप पर रखकर दाएं पैर को पीछे की ओर ले जाते हैं। इसमें बस सबसे ज़रूरी बात यह है कि बैट और पैड बिलकुल नज़दीक होने चाहिएं और इनके बीच में कोई जगह नहीं होनी चाहिए। इनके बीच में जगह हुई तो गेंद "गेट" में से निकल कर स्टंप्स पर जा लगेगी। खासतौर पर ड्राइव ये हैं–

2. ऑफ ड्राइव

जिस तरह से ऊपर ड्राइव खेलना बताया है यह लगभग उसी तरह से खेला जाता है।

इसके लिए यह ज़रूरी है कि गेंद हॉफ वाली हो और उसने ऑफ स्टंप पर या उससे कुछ बाहर टप्पा खाया हो। इसमें फ्रंट फुट गेंद की लाइन की दिशा में आता है और पूरे बैट से गेंद को हिट करते हुए दिशा दी जाती है। आप जब इस स्ट्रोक को लगाएं तो समझ लीजिए कि आपका दायां कंधा आपकी ठोड़ी के नीचे आ जाना चाहिए। फालो थ्रू पूरा होने तक कंधे और सिर की स्थिति यही रहनी चाहिए।

3. कवर ड्राइव

यह ऐसी ओवर पिच गेंद पर खेला जाता है जिसने ऑफ स्टंप के बाहर टप्पा खाया हो। यह शाट कुछ खतरनाक है क्योंकि इसमें गेंद की लाइन को बदला जाता है और इसे कवर की ओर खेला जाता है।

बायां पैर आगे की ओर गेंद की लाइन की दिशा में आता है और पंजा कवर की ओर होना चाहिए। पूरा वजन बाईं टांग पर होता है। बायां कंधा ऊपर उठाकर बैट पीछे की ओर पूरा

उठाया जाता है। बायां कंधा गेंद की लाइन की दिशा में होना चाहिए और निगाह गेंद की फ्लाइट पर। जैसे ही बाईं टांग ड्राइव के लिए आगे आती है, बैट नीचे आता है और ऑफ स्टंप पर गेंद को खेलता है। बाएं कंधे की स्थिति ही स्ट्रोक को दिशा देती है। बैट का ब्लेड कवर प्वाइंट की ओर होता है और उसी तरफ यह ड्राइव खेला जाता है। इसे खेलने के बाद बैट को फिर से पूरी तरह उठाकर बाएं कंधे के ऊपर तक लाया जाता है।

बल्लेबाज़ को अपनी पारी के शुरू में कवर ड्राइव खेलने से बचना चाहिए। जब निगाह पूरी तरह से जम जाए तब इसे खेलना चाहिए।

4. आन ड्राइव

यह ऐसी हॉफ वाली गेंद पर खेला जाता है जिसने लैग स्टंप या इससे बाहर टप्पा खाया हो।

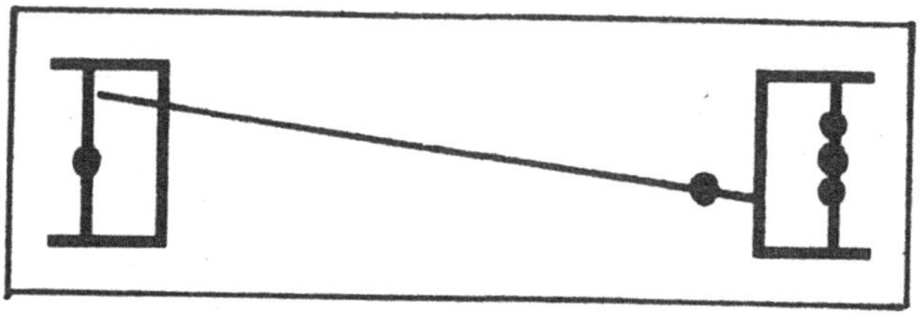

कवर ड्राइव में बाएं पैर की दिशा कवर की ओर होती है। इसमें चूंकि गेंद लैग स्टंप पर है इसलिए बाएं पैर की दिशा गेंद की लाइन पर होती है चूंकि हाफ वाली गेंद है इसलिए इसे बायां पैर आगे बढ़ाकर खेला जाता है। बैट को पूरा पीछे उठाकर फिर ऑफ स्टंप्स से ऑन साइड की ओर लाया जाता है। दायां घुटना कुछ झुकता है और तब गेंद को नीचे की ओर हिट किया जाता है। फालो थ्रू में बैट को बाएं कंधे के ऊपर तक ले जाते हैं।

5. लाफ्टेड ड्राइव

जैसा कि नाम से स्पष्ट है यह ऊंचा शाट है और इसे ऐसी फुल लैंथ गेंद पर खेला जाता है जिसने ऑफ स्टंप के कुछ बाहर या बिलकुल स्टंप की लाइन में टप्पा खाया हो। इस तरह के ड्राइव में इरादा गेंद को क्षेत्र-रक्षकों के सिर के ऊपर से उठाने का होता है इसलिए इसे लगाने से पहले मैदान में क्षेत्र-रक्षकों की स्थिति का अच्छी तरह से जायज़ा ले लेना चाहिए। जो बल्लेबाज़ गेंद को बाउंड्री लाइन के पार पहुंचाने के लिए इस तरह के ड्राइव को खेलने का जोखिम उठाते हैं वे कैच आउट के शिकार होते हैं।

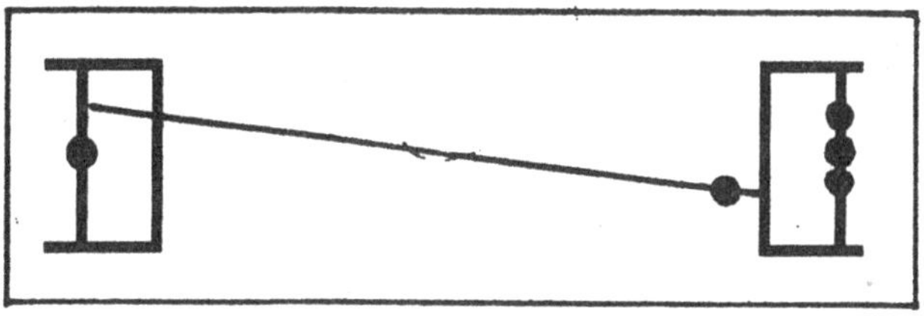

इससे बहुत कुछ मिलता जुलता एक और ड्राइव है जिसमें बल्लेबाज़ अपने फुट वर्क पर भरोसा कर अपनी क्रीज़ से कई कदम आगे निकल जाता है। ऐसा बल्लेबाज़ किसी भी गेंदबाज़ का मनोबल तोड़ने का काम करता है। यह हिम्मत वही बल्लेबाज़ दिखाता है जो गेंदबाज़ की गेंद की लाइन का अंदाज़ा गेंदबाज़ के हाथ से गेंद छूटते ही लगा लेता है। अगर बल्लेबाज़ ऐसी गेंद को हिट करने में असफल रहता है तो चूंकि वह क्रीज़ से बाहर निकल आया है इसलिए उसके स्टंप आउट होने के पूरे आसार हैं।

2. लेग ग्लांस (फ्रंट फुट)

यह एक गुड लैंथ बाल पर खेला जाता है जिसने लैग स्टंप पर या इससे बाहर टप्पा खाया हो लेकिन ये लैग साइड की ओर जा रही हो। यह लैग ग्लांस बहुत कुछ वैसा ही है जैसा बैक फुट पर खेला जाता है। चूंकि यह फ्रंट फुट पर खेला जाता है इसलिए इसे ठीक पैड के सामने खेलना चाहिए और उस समय सिर ठीक पैड के ऊपर होना चाहिए। इसमें कलाई के सहारे गेंद को लैग की तरफ दिशा दी जाती है। इसमें हाथ बड़ी महत्त्वपूर्ण भूमिका अदा करते हैं।

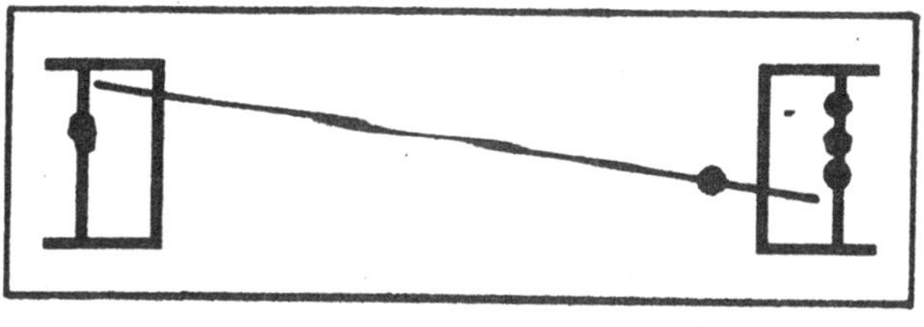

3. स्वीप

यह हॉफ वाली से भी ऐसी शार्ट गेंद पर खेला जाता है जिसने लैग स्टंप या इससे बाहर टप्पा खाया हो। यह ऑफ स्पिनर की गेंद पर गेंद के टर्न के साथ खेला जाता है या लैग स्पिनर की गेंद पर टर्न के उलटे खेला जाता है।

इसे खेलने के लिए बायां पैर गेंद की लाइन में काफी आगे आ जाता है। दोनों घुटने झुकाकर शरीर का संतुलन बनाया जाता है और कंधों को खोला जाता है ताकि गेंद को खेलने के लिए ज़्यादा जगह मिले। बैट को क्रास बैट की तरह से गेंद की लाइन की दिशा पूरी तरह बदलने के लिए घुमाया जाता है। गेंद को हिट करने के समय ऐसा लगता है मानो दाएं हाथ का बल्लेबाज़ बैट को दाईं ओर से घुमाते हुए बाईं ओर ला रहा हो। जैसे कि स्वीप नाम से स्पष्ट है यह झाड़ू लगाने जैसा स्ट्रोक है। इसमें गेंद ज़्यादा ऊंची नहीं उठती। बस सबसे ज़रूरी बात यह है कि गेंद की लाइन की दिशा को बदल दिया जाता है।

टैस्ट क्रिकेट में स्वीप शाट गेंदबाज़ों का मनोबल तोड़ता है। एक दिवसीय क्रिकेट में रिवर्स स्वीप की परंपरा शुरू हो गई है। इसकी चर्चा हम एक दिवसीय क्रिकेट के लिए खेलने की तकनीक में करेंगे।

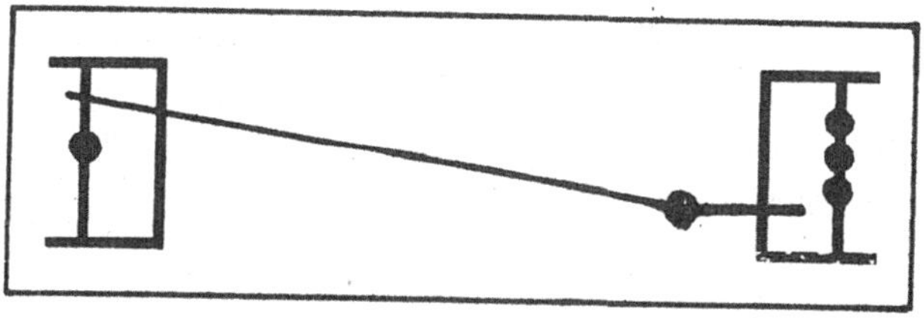

स्पिनरों को खेलना

हालांकि हमने पीछे जो चर्चा की है वह तेज गेंदबाज़ों और स्पिनरों दोनों की गेंदबाज़ी पर है लेकिन फिर भी स्पिनरों को खेलते हुए कुछ खास बातों को ध्यान में रखना ज़रूरी है। अच्छे विकेट पर ऑफ स्पिनर को आमतौर पर आगे आकर खेलना चाहिए। अगर गेंद को टर्न नहीं मिल रहा है तो पैड के करीब इसे खेलिए। अगर गेंद को टर्न मिल रहा है तब बैक फुट पर खेलने के बारे में सोचा जा सकता है।

दाएं हाथ के बल्लेबाज़ के लिए लैग स्पिनर बड़े खतरनाक होते हैं क्योंकि इनकी गेंद बैट के किनारे को छूकर उछल सकती है। यह माना जाता है कि ऑफ स्पिनर के मुक़ाबले में लैग स्पिनर को गेंद बहुत सही नहीं होती इसलिए जो बल्लेबाज़ इन्हें बैक फुट पर कट या पुल कर सकते हैं वे अच्छे रन बनाएंगे। फ्रंट फुट पर खेलते हुए अगर आप कोई शाट नहीं खेल रहे हैं और सुरक्षात्मक खेलना चाहते हैं तो गेंद की लाइन से बाहर आ जाइए।

लैग स्पिनर की सबसे खतरनाक गेंद गुगली होती है जो लैग स्पिनर के ऐक्शन से ऑफ ब्रेक गेंद होती है। ऐसी गेंद को खेलने के लिए बैट और पैड का नज़दीक रहना बहुत ज़रूरी है ताकि गेंद "गेट" में से न निकल सके।

स्पिनरों के खिलाफ जो बल्लेबाज़ पूरे आत्मविश्वास के साथ स्ट्रोक लगाता है—चाहे वह रन बनाने में सफल न हो रहा हो, वह गेंदबाज़ का मनोबल तोड़ने में सफल रहता है। हां, अगर बल्लेबाज़ शाट लगाकर रन बनाता है तब तो उसकी सफलता के बारे में कुछ भी नहीं कहा जा सकता। वह तो तब किंग बनकर खेलता है।

गेंदबाज़ी

किसी भी गेंदबाज़ कर सफलता के लिए ज़रूरी है कि उसमें अपनी गेंदबाज़ी के प्रति आत्म-विश्वास हो। सिर्फ़ विकेट लेना किसी भी गेंदबाज़ की सफलता का पैमाना नहीं होता। आजकल तो वैसे भी एकदिवसीय क्रिकेट के नज़रिए से अगर गेंदबाज़ बल्लेबाज़ को रन बनाने से रोक लेता है तो उसे भी बहुत अच्छी सफलता माना जाता है। गेंदबाज़ में अच्छी तकनीक़ का होना तो ज़रूरी है ही लेकिन सबसे बड़ी बात यह है कि उसमें विकेट और मौसम का फायदा उठाने की योग्यता होनी चाहिए। यह भी महत्त्वपूर्ण है कि कप्तान को गेंदबाज़ की योग्यता पर विश्वास हो और खुद कप्तान को यह मालूम हो कि उसे किस मौके पर किस गेंदबाज़ से किस सिरे से गेंदबाज़ी करानी है ताकि अच्छा नतीजा सामने आए।

गेंदबाज़ी में सफलता के लिए गेंदबाज़ी के कुछ सिद्धांत जानना ज़रूरी है। इन सिद्धांतों के साथ इस बात को मान लेना भी ज़रूरी है कि गेंदबाज़ में बल्लेबाज़ी के मुकाबले में कहीं ज़्यादा दम-खम की ज़रूरत होती है और खासतौर पर तेज गेंदबाज़ी करना किसी साधारण क्षमता वाले खिलाड़ी के बस की बात नहीं है।

1. ग्रिप

एक खास तरह की गेंद फेंकने के लिए गेंद को खास तरह से पकड़ना ज़रूरी है। हर अलग तरह की गेंद के लिए गेंद को किस तरह से पकड़ा जाए इसकी चर्चा हम बाद में करेंगे लेकिन यहां हम गेंद को हाथ में पकड़ने के सैद्धांतिक तरीके की बात कर रहे हैं। अगर बल्लेबाज़ गेंदबाज़ के हाथ में गेंद देखे तो उसे ऐसी नज़र आएगी जैसी आप चित्र में देख रहे हैं। इसी ग्रिप को अगर किनारे से देखें तो दूसरे चित्र जैसी नज़र आएगी।

गेंद घड़ी की दिशा में घूम रही है

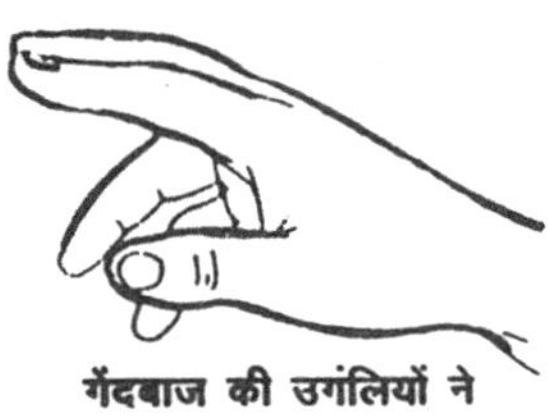

गेंदबाज की उगंलियों ने गेंद को नीचे की ओर घुमाकर छोड़ा है

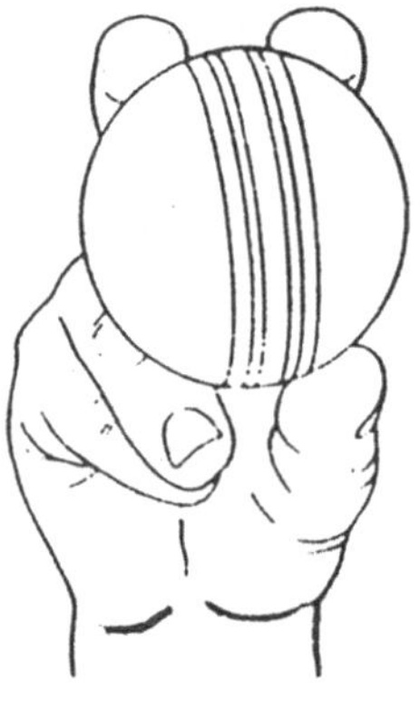

एक सामान्य ग्रिप जो बल्लेबाज को नजर आती है

आपने देखा कि हाथ की पहली दोनों उंगलियां गेंद की सिलाई के साथ-साथ हैं और गेंद को नीचे से सिलाई पर आए हुए अंगूठे ने आधार दिया हुआ है। तीसरी उंगली भी नीचे से गेंद को सहारा दे रही है। अंगूठे और पहली उंगली के बीच कितनी ज़्यादा जगह है इसे ध्यान से देखिए।

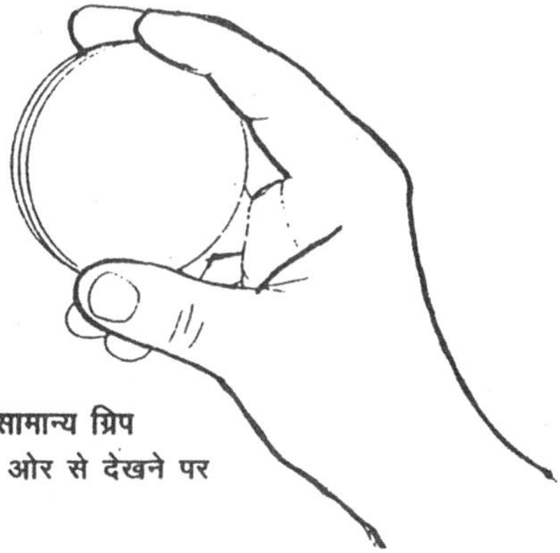

एक सामान्य ग्रिप
एक ओर से देखने पर

2. रन-अप

अच्छी गेंद फेंकने के लिए ज़रूरी है कि गेंदबाज़ का रन-अप (यानि कि गेंद फेंकने से पहले का भागना) भी बढ़िया हो। यहां बढ़िया से मतलब है कि वह लयबद्ध होना चाहिए और गेंदबाज़ जब रन-अप कर स्टंप्स तक पहुंचे तो उसे गेंद फेंकने में कोई दिक्कत न हो। तेज़ गेंदबाज़ों का रन-अप आमतौर पर बहुत लंबा होता है लेकिन वे अपना संतुलन बनाए रखते हैं और बिलकुल सही गेंद फेंकते हैं।

3. गेंद फेंकना

जैसा कि नाम से पता लग रहा है यह तो सबसे महत्त्वपूर्ण है ही। रन-अप पूरा करते हुए गेंद फेंकने के लिए गेंदबाज़ अपना आखिरी ज़ोर लगाता है तो उसी में वह अपनी गेंद की लाइन, लैंथ और उसकी क्रिस्म तय करता है। तेज गेंदबाज़ का एक्शन तो बहुत महत्त्वपूर्ण होता है। गेंद फेंकने के समय बायां पैर आमतौर पर ज़्यादा उठा होता है। आंखें बाएं कंधे के ऊपर से बल्लेबाज़ को देख रही होती हैं और गेंदबाज़ अपनी छाती के साथ-साथ हाथ को घुमाते हुए गेंद फेंकता है।

4. फालो थ्रू

हर गेंदबाज़ की सफलता के लिए अच्छा फालो थ्रू भी ज़रूरी है। अगर गेंदबाज़ गेंद फेंकते ही एकदम रुक जाएगा तो वह थकेगा और उसकी गेंद फेंकनेवाले बाजू को नुकसान भी पहुंच सकता है। अगर गेंदबाज़ दाएं हाथ से गेंद फेंक रहा है तो वह गेंद फेंकने के बाद अपने हाथ को उसी तरह से घुमाते हुए बाएं कंधे तक ले जाएगा और शरीर को संतुलन देने के लिए वह बायां बाजू ऊपर उठा लेगा। गेंद फेंकने के बाद फालो थ्रू में गेंदबाज़ के पैरों की स्थिति भी बदल जाती है।

गेंदबाज़ी को आसानी के लिए दो हिस्सों में बांटा जा सकता है—एक तो तेज़ गेंदबाज़ी और एक स्पिन गेंदबाज़ी। अब हम इन दोनों की अलग-अलग चर्चा करेंगे।

तेज़ गेंदबाज़ी

तेज़ गेंदबाज़ आमतौर पर मैच विजेता माने जाते हैं और तेज गेंदबाज़ ही मैच में नई गेंद के साथ आक्रमण शुरू करते हैं। जैसा कि नाम से स्पष्ट है—तेज़ गेंदबाज़ तेज़ गेंद फेंकता है। गेंद की तेज़ी सिर्फ गेंदबाज़ को अपनी शक्ति से नहीं आती बल्कि वह अपनी योग्यता से, पिच और मौसम की मदद से भी तेज़ी हासिल कर सकता है।

तेज़ गेंदबाज़ मुख्यतः अपनी गेंद की तेज़ी पर ही ध्यान देते हैं। जो अपनी गेंद की तेज़ी को कुछ कम करते हैं वे लाइन और लैंथ पर ध्यान देते हैं। ऐसे गेंदबाज़ मध्यम तेज़ गति की गेंद फेंकते हैं।

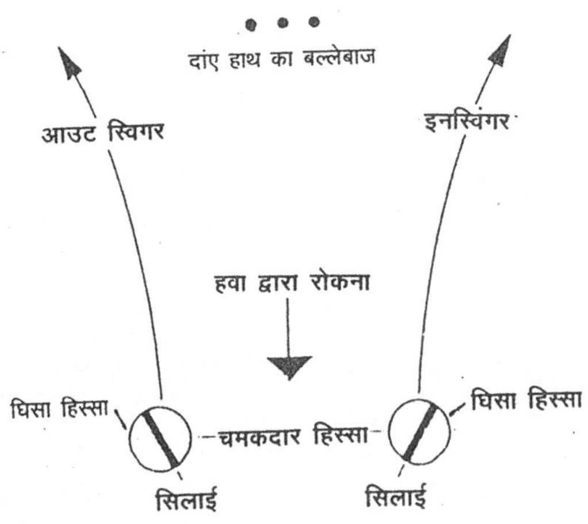

नोट : गेंद का जो हिस्सा चमक नहीं रहा है उसे हवा ज्यादा रोकती है इससे गेंद का घिसा हिस्सा धीमा हो जाता है।

तेज़ गेंदबाज़ होते हुए स्विंग गेंदबाज़ी करना हर गेंदबाज़ के बस की बात नहीं है। गेंद को स्विंग कराना एक खूबी है और इसके साथ विज्ञान जुड़ा हुआ है। पाकिस्तान के गेंदबाज़ों ने हाल के सालों में स्विंग गेंदबाज़ी को बड़ी चर्चा दिलाई है। आमतौर पर यह माना जाता है कि जब तक गेंद पर चमक रहती है गेंद स्विंग कर सकती है। इसके उलट पाकिस्तान के इमरान खान, सरफराज़ नवाज़, वसीम अकरम, वकार यूनिस और आकिब जावेद जैसे गेंदबाज़ों ने पुरानी गेंद को सफलता के साथ स्विंग कराया है। असल में होता यह है कि टीम के सभी खिलाड़ी मिलकर गेंद के एक सिरे को तो खराब होने देते हैं लेकिन वे दूसरे सिरे को अपनी पतलून पर लगाकर रगड़ते हुए चमकाते रहते हैं। यही चमक बाद में गेंद को स्विंग कराने में मदद देती है।

स्विंग गेंदबाज़ी दो तरह की होती है—आउट स्विंगर एवं इन स्विंगर। आसानी के लिए यह समझ लीजिए कि जो गेंद हवा में स्विंग होकर जब ऑफ स्टंप से बाहर की ओर जाती है तो वह आउट स्विंगर कहलाती है। जो गेंद हवा में स्विंग होकर ऑफ स्टंप से लैग की तरफ जाती है वह इन स्विंगर कहलाती है। ये दोनों स्थितियां दाएं हाथ के बल्लेबाज़ के लिए बताई गयी हैं।

गेंद हवा में स्विंग क्यों करती है? इस सवाल का आसान शब्दों में जवाब यह है कि गेंद का जो हिस्सा चमकता नहीं है उस पर हवा का प्रतिरोध ज़्यादा होता है। यह दबाव इस तरह से कम चमकनेवाले हिस्से को धीमा कर देता है। अब यह गेंदबाज़ पर निर्भर करता है कि वह किस तरह से अपनी गेंद की तेज़ी को बदलकर अपनी गेंद में विविधता लाता है।

आउट स्विंगर

गेंद को सबसे पहले हाथ में किस तरह से पकड़ना है यह हमने ऊपर देख लिया। अब हर अलग-अलग तरह की गेंद के लिए हमें ग्रिप को बदलना है। आउट स्विंगर की ग्रिप को आप चित्र में देखिए। हाथ में उसी तरह से गेंद को पकड़ा हुआ है लेकिन गेंद की सिलाई की दिशा स्लिप की ओर हो गई है। अंगूठा अब सिलाई के बिलकुल नीचे आ गया है और तीसरी और चौथी अंगुलियां उसे मदद दे रही हैं।

गेंद फेंकने के समय दाईं कलाई बिलकुल बल्लेबाज़ के सामने है और उस समय हाथ पूरा ऊपर उठा होना चाहिए। हाथ को घुमाते हुए नीचे लाना है और इस बात का पूरा खयाल रखना है कि जब गेंद हाथ से छूटे तो गेंद की सिलाई की दिशा पहली स्लिप की ओर हो।

हाथ नीचे आएगा और शरीर को संतुलन देने के लिए दायां पैर ऊपर उठ जाएगा।

अगर आउट स्विंगर गेंद एक दाएं हाथ के बल्लेबाज़ को फेंकी जा रही है तो इसका टप्पा ऑफ स्टंप या इसके बाहर पड़ना चाहिए ताकि बल्लेबाज़ इसे आगे आकर खेलने के लिए मज़बूर हो।

इन स्विंगर

यहां गेंद को उसी तरह से पकड़ा हुआ है लेकिन अब सिलाई की दिशा फाइन लैग की ओर हो गई है। अंगूठा सिलाई के नीचे है और उसने सिलाई को दबाया हुआ है जबकि तीसरी एवं चौथी उंगलियां उसे मदद दे रही हैं। गेंद फेंकने के समय हाथ बिलकुल सीधा और अधिकतम ऊंचाई पर होना चाहिए और उस समय गेंद की सिलाई की दिशा फाइन लैग की ओर ही होनी चाहिए। गेंदबाज़ की छाती चौड़ी होनी चाहिए और इसके साथ ही हाथ घुमाते हुए गेंद को फेंकना चाहिए। इन स्विंगर और आउट स्विंगर दोनों को फेंकते हुए आंखें गेंद का पीछा करती रहें और स्थिर रहें।

सीम गेंदबाज़ी

सीम गेंदबाज़ी का मतलब है कि गेंद की सिलाई से मदद उठाना। इसमें गेंद बिलकुल ठीक उसी तरह से पकड़ी जाती है जैसा कि हमने गेंदबाज़ी के सिद्धांत में पढ़ा है। गेंद पिच पर टप्पा खाएगी तो सिलाई पिच से टकरानी चाहिए और तब पिच गेंद को मोड़ेगी।

इस तरह से अगर गेंदबाज़ी में गेंद की सिलाई महत्त्वपूर्ण है तो पिच का व्यवहार भी महत्त्वपूर्ण है। पिच का व्यवहार मौसम के साथ बदलता है। इसलिए सीम गेंदबाज़ अपनी सफलता के लिए पिच के व्यवहार और मौसम पर बहुत निर्भर करते हैं।

कटर गेंदबाज़ी

यह भी एक तरह की स्विंग गेंदबाज़ी है। इसमें गेंदबाज़ गेंद को मनचाही दिशा देते हैं– फ़र्क़ यह है कि इसमें गेंद का स्पिन होना शामिल हो जाता है। कुछ गेंदबाज़ तो कटर गेंद एक स्पिनर की तरह से फेंकते हैं। स्विंग गेंदबाज़ी की तरह ये भी दो तरह की होती हैं।

ऑफ कटर

इसमें गेंद बिल्कुल आउट स्विंगर की ही तरह से पकड़ी जाती है और गेंद की सिलाई की दिशा भी वही होती है। फ़र्क़ सिर्फ़ इतना है कि दूसरी उंगली सिलाई पर आ जाती है। अंगूठा और तीसरी उंगली नीचे से गेंद को आधार देते हैं।

गेंद फेंकने के समय पहली दोनों उंगलियां गेंद की सिलाई की दिशा को मोड़ती हैं-- पहली उंगली सिलाई को घड़ी की दिशा में नीचे की ओर घुमाती है। यह गेंद फेंकने के समय हाथ ऊपर और शरीर का सारा वज़न आगे आई हुई टांग पर होना चाहिए। चूंकि इसमें गेंद हाथ में बाईं से दाईं ओर घुमाई जाती है तो फालो थ्रू में हाथ शरीर के दाएं हिस्से से बाएं हिस्से की ओर जाता है।

यह गेंद, गेंदबाज़ की आउट स्विंगर को और भी खतरनाक बना देती है। बल्लेबाज़ हर गेंद को आउट स्विंगर समझकर अगर छोड़ता है तो उसी में ही कोई कटर गेंद उसके लिए खतरनाक साबित हो जाती है।

लैग कटर

यह इन स्विंगर की तरह से है लेकिन फ़र्क़ वही है कि दूसरी उंगली गेंद की सिलाई पर है। ऑफ कटर की तरह से इसमें भी गेंद को कट देने के लिए कलाई को घुमाया जाता है और गेंद को फेंकते हुए पहली उंगली की मदद से उसे घुमाव दिया जाता है। जिस क्षण गेंद फेंकी जाती है कलाई को पीछे घुमाया जाता है। पहली दोनों उंगलियां चूंकि सिलाई को दाएं से बाएं की ओर मोड़ती हैं तो उसी तरह से गेंद लैग की तरफ कट होती है। दूसरे शब्दों में यह भी कहा जा सकता है कि इसमें सिलाई को घड़ी के उलट दिशा में मोड़ा जाता है। गेंदबाज़ को अपनी इस गेंद को खतरनाक बनाने के लिए इसे ऑफ स्टंप या ऑफ स्टंप से बाहर फेंकना चाहिए।

स्पिन गेंदबाज़ी

स्पिन गेंदबाज़ी धीमी होती है लेकिन यह क्रिकेट के खेल का सबसे बड़ा आकर्षण है। आमतौर पर ग़लतफ़हमी यह है कि स्पिन गेंदबाज़ बड़ी आसान-सी गेंद फेंकते हैं और बल्लेबाज़ के लिए इन्हें खेलना ज़रा भी मुश्किल नहीं होता। असलियत यह है कि स्पिन गेंदबाज़ गेंद फेंकते हुए अपनी योग्यता का प्रयोग तो करता ही है, वह अपनी गेंद की लाइन और लैंथ लगातार बदलते हुए बल्लेबाज़ की योग्यता का भी इम्तिहान लेता है। स्पिन गेंदबाज़ी के लिए सबसे अच्छी स्थिति वह होती है जब नम और ढीली पिच सूर्य की रोशनी से सूखना शुरू करती है। कई स्पिनर गीली पिच के माहिर होते हैं जैसे कि इंग्लैंड का भूतपूर्व टैस्ट स्पिनर डेरक अंडरवुड। सूखे और कड़े विकेट स्पिन गेंदबाज़ी को मदद नहीं देते।

ऑफ स्पिनर

यह वह गेंद है जो दाएं हाथ के बल्लेबाज़ को फेंकी जाए तो टप्पा खाकर ऑफ से लैग की तरह मुड़ती है।

गेंद को दाएं हाथ में चित्र में दिखाई स्थिति की तरह से पकड़ते हैं। पहली दोनों उंगलियों के बीच में सिलाई के ऊपर अधिकतम फासला होना चाहिए। गेंद को नीचे से अंगूठा और तीसरी उंगली आधार देते हैं। यह ऑफ स्पिन गेंद के लिए ग्रिप है लेकिन जब इसे सामने से देखें तो बल्लेबाज़ को पहली दोनों उंगलियां दिखाई देती हैं और अंगूठा पीछे की तरफ चला जाता है। गेंद की सिलाई लगभग सीधी ही है।

इसमें सबसे बड़ी खूबी यह है कि गेंद उंगलियों पर टिकी है और गेंद को पकड़ने में हथेली का प्रयोग नहीं किया जाता है। पहली दोनों उंगलियां आपस में अधिकतम दूरी के कारण गेंद को अधिकतम स्पिन देती हैं। जब गेंद फेंकी जाती है तो पहली उंगली दूसरी उंगली की

ओर नीचे की ओर आती है और इससे गेंद को स्पिन मिलता है। उस समय तीसरी और चौथी उंगलियां सिर्फ़ गेंद को सहारा देती हैं। स्पष्ट है कि उंगलियों का भी सिर्फ़ आगे का हिस्सा गेंद को स्पिन कराता है।

ऑफ स्पिनर के लिए अच्छा फालो थ्रू बहुत ज़रूरी है। आगे वाली टांग को घुटना मोड़कर शरीर को संतुलन दिया जाता है। गेंद फेंकनेवाला बाज़ू बिल्कुल नीचे आ जाता है और दूसरा बाज़ू ऊपर उठ जाता है झुकता है लेकिन उसकी पीठ नहीं मुड़नी चाहिए।

लैग स्पिन

लैग ब्रेक वह गेंद है जो दाएं हाथ के गेंदबाज़ द्वारा एक दाएं हाथ के बल्लेबाज़ को फेंकी जाए तो यह लैग से ऑफ की तरफ टर्न होती है। यह बड़ी खूबसूरत गेंद होती है और इसे फेंकना हर गेंदबाज़ के बस की बात नहीं है। सच तो यह है कि लैग ब्रेक गेंद फेंकनेवाले गेंदबाज़ों की गिनती लगातार कम हो रही है।

इसकी ग्रिप चित्र में दिखाई स्थिति के अनुसार है। पहली तीनों उंगलियों ने गेंद को पूरी तरह से पकड़ा हुआ है। पहली दोनों उंगलियों के बीच की दूरी अपेक्षाकृत ज़्यादा है और इनका आगे का हिस्सा सिलाई पर है। यह दूरी ज़्यादा ज़रूर है लेकिन बहुत फैली हुई नहीं है। तीसरी उंगली की ओर मुड़ी हुई है और सिलाई पर है। इसमें यही तीसरी उंगली गेंद को स्पिन कराती है।

जब गेंद फेंकने लगते हैं तो कलाई नीचे की ओर झुकी होती है और तीसरी उंगली गेंद को घड़ी के उलट दिशा में घुमाती है। यहां भी गेंद फेंकते समय हाथ बिलकुल ऊपर होना चाहिए, कंधे चौड़े और छाती खुली हुई। चूंकि हाथ दाएं से बाएं ओर मुड़ता है इसलिए चौड़े कंधे उसमें मदद देते हैं। फालो थ्रू में गेंद फेंकनेवाला हाथ नीचे आता है और बाईं टांग तक जाता है।

लैग ब्रेक गेंदबाज़ की सफलता इस बात पर निर्भर करती है कि वह अपनी गेंद की तेज़ी को किस तरह से बदलता है। इस गेंद को खेलना जितना मुश्किल होता है—इस गेंद को फेंकना भी उतना ही मुश्किल होता है।

गुगली

लैग ब्रेक गेंद फेंकना अगर मुश्किल है तो गुगली फेंकना तो और भी मुश्किल है। जिस तरह से तेज़ गेंदबाज़ के लिए बाउंसर एक हथियार है उसी तरह से गुगली गेंद लैग स्पिनर के लिए हथियार है। पाकिस्तान के अब्दुल कादिर जैसे गेंदबाज़ जब गुगली गेंद फेंकते थे तो अच्छे-अच्छे बल्लेबाज़ों के लिए उसे खेलना मुश्किल हो जाता था। यह गुगली गेंद ऐसी ऑफ ब्रेक होती है जो लैग ब्रेक के ऐक्शन से फेंकी जाती है लेकिन इसमें लैग ब्रेक की तुलना में कलाई जल्दी घूमती है।

गेंद की ग्रिप लैग ब्रेक जैसी ही होती है। शुरू में हथेली ऊपर की ओर होती है लेकिन ज्यों ही गेंद फेंकनेवाला बाज़ू घूमता है तो हाथ की दिशा उलट हो जाती है और हथेली मैदान की तरफ आ जाती है। ठीक गेंद फेंकने के समय हाथ का पिछला हिस्सा बल्लेबाज़ के सामने होता है। यही हाथ घूमता है और गेंद तीसरी और चौथी उंगली के सहारे हाथ से निकलती है। तीसरी उंगली गेंद को बाईं से दाईं ओर स्पिन देती है। छाती चौड़ी होनी चाहिए जिससे कि गेंद फेंकने का ऐक्शन पूरा हो सके।

टॉप स्पिनर

कलाई की स्पिन के सहारे फेंकी जानेवाली यह गेंद भी एक स्पिन गेंदबाज़ के लिए हथियार है। क्रिकेट सिखानेवाली किताबों में आमतौर पर इसका ज़िक्र नहीं होता क्योंकि यह गेंदबाज़ की कलाई के सहारे गेंद को स्पिन देने की योग्यता पर निर्भर करती है। टाप स्पिनर गेंदें दो तरह की होती हैं। यह भी गुगली के एक्शन से फेंकी जाती हैं पर इसमें कलाई को मोड़ने का समय अलग हो जाता है। असली टॉप स्पिन वह है जिसमें कि कलाई को उस समय मोड़ा जाता है जबकि गेंद की सिलाई की दिशा पिच की ओर है और तीसरी उंगली गेंद को स्पिन कराती है।

गेंदबाज़ी के बारे में अब तक हमने जितनी भी चर्चा की है वह दाएं हाथ के गेंदबाज़ों के बारे में की है। यूं तो बाएं हाथ की गेंदबाज़ी और दाएं हाथ की गेंदबाज़ी में फ़र्क़ नहीं होना चाहिए पर अगर बारीकी से देखें तो इन दोनों में बड़ा फ़र्क़ है। बाएं हाथ के स्पिनर बहुत खतरनाक होते हैं। बाएं हाथ के स्पिनर विकेट से मदद न मिलने के बावजूद गेंद को बखूबी स्पिन करा लेते हैं।

बाएं हाथ से स्पिन गेंदबाज़ी

गेंद को पहली, दूसरी और तीसरी उंगली से पकड़ा जाता है। दूसरी और तीसरी उंगली के बीच की दूरी ज़्यादा होती है, अंगूठा नीचे होता है। पहली एवं दूसरी उंगली सिलाई पर तिरछी होती है। गेंद फेंकने के समय पहली उगंली इसे स्पिन कराती है। उस समय शरीर का सारा वज़न दाईं टांग पर होता है। कंधे खुले हुए तथा सिर बिल्कुल सीधा ऊपर होता है। फालो थ्रू में गेंद फेंकनेवाला हाथ नीचे आ जाता है और शरीर को संतुलन देने के लिए दायां बाजू ऊपर चला जाता है।

बाएं हाथ के गेंदबाज़ों के लिए एक हथियार गेंद चाइनामैन है। यह एक ऐसी ऑफ ब्रेक गेंद है जो एक बाएं हाथ के स्पिनर द्वारा लैग ब्रेक ऐक्शन के साथ फेंकी जाती है।

गेंद को पहली तीनों उंगलियों की मदद से पकड़ा जाता है जो गेंद की सिलाई पर फैली हुई हैं। गेंद फेंकने से पहले गेंद पूरी तरह से बाएं हाथ की पकड़ में होती है और लैग ब्रेक की तरह से इसे भी तीसरी उंगली स्पिन देती है। गेंद फेंकने के समय इसे बाईं ओर से दाईं ओर स्पिन कराया जाता है।

तो इस तरह से आप हर तरह की गेंद फेंकने के लिए तैयार हैं। हर तरह की गेंद फेंकने का तरीका सीख लेने से आप परिपक्व गेंदबाज़ नहीं बन सकते। एक अच्छे गेंदबाज़ की सफलता के लिए यह ज़रूरी है कि आप बल्लेबाज़ की कमज़ोरियों को भांपें और उसी हिसाब से गेंद फेंककर न सिर्फ रन रोकने की कोशिश करें बल्कि उसे आउट करने की कोशिश भी करें। इस बात को नजरअंदाज़ नहीं किया जा सकता कि किसी भी गेंदबाज़ की सफलता क्षेत्र-रक्षकों के योगदान के बिना अधूरी है।

क्षेत्र-रक्षण

क्षेत्र-रक्षण को हम दो हिस्सों में बांट सकते हैं। एक विकेट से दूर क्षेत्र-रक्षण और दूसरा विकेट के नज़दीक क्षेत्र-रक्षण। ऐसा नहीं है कि जो खिलाड़ी विकेट के नज़दीक बढ़िया क्षेत्र-रक्षण करता है वह विकेट से दूर भी बढ़िया क्षेत्र-रक्षण करेगा। इसी तरह से विकेट से दूर बढ़िया क्षेत्र-रक्षण करनेवाला ज़रूरी नहीं है कि विकेट के नज़दीक थोड़े से उछले हुए कैच भी लपक लेगा। दक्षिण अफ्रीका का जोंटी रोड्स आउट फील्ड में बहुत बढ़िया क्षेत्र-रक्षक है लेकिन उसकी टीम के कप्तान उसे विकेट के नज़दीक क्षेत्र-रक्षण करने के लिए नहीं कहते। इसी तरह से भारत का एकनाथ सोलकर विकेट के नज़दीक क्षेत्र-रक्षण करने में माहिर था। गेंद बैट से लगती थी तो वह डाइव लगाकर गेंद को उठा लिया करता था। सोलकर ने विकेट से दूर इतना बढ़िया क्षेत्र-रक्षण नहीं किया।

इसमें इन खिलाड़ियों में कोई कमी नहीं थी—यह दोनों अलग-अलग तरह की क्षेत्र-रक्षण योग्यता रखते हैं।

अच्छा क्षेत्र-रक्षक बनने के लिए सबसे पहली और सबसे ज़रूरी बात यह है कि क्षेत्र-रक्षण करने में रुचि हो। जो बच्चे गली-मौहल्ले में क्रिकेट खेलते हैं उनसे पूछिए तो हर बच्चा कहेगा कि वह बल्लेबाज़ी करना चाहता है। उसके बाद मजबूरी में वे गेंदबाज़ी करेंगे। क्षेत्र-रक्षण तो कोई भी नहीं करना चाहता क्योंकि इसे थकानेवाला और बोर करनेवाला माना जाता है। इसके उलट कुछ खिलाड़ी क्षेत्र-रक्षण को खेल का एक महत्त्वपूर्ण हिस्सा मानते हैं। इंग्लैंड के डेरक रेंडल और दक्षिण अफ्रीका के जोंटी रोड्स जैसे खिलाड़ियों के बारे में यह कहा जा सकता है कि ये सिर्फ़ अपने क्षेत्र-रक्षण के दम पर किसी भी देश की टेस्ट टीम में जगह पा सकते हैं। रेंडल और रोड्स जैस क्षेत्र-रक्षक हर पारी में अपने बढ़िया क्षेत्र-रक्षण से जो 30-40 रन बचाते हैं वही टीम के लिए उनका योगदान हो जाता है।

किसी भी क्षेत्र-रक्षक का क्षेत्र-रक्षण सिर्फ उसके लिए महत्त्वपूर्ण नहीं है—क्षेत्र-रक्षण के रूप में उसका योगदान उसके द्वारा लपके गए कैच की गिनती से नहीं पता लग सकता। अच्छा क्षेत्र-रक्षण गेंदबाज़ों को बल्लेबाज़ों पर दबाव बनाए रखने में मदद देता है। जब बल्लेबाज़ों पर दबाव होगा तो इसका असर बल्लेबाज़ी कर रही पूरी टीम पर पड़ेगा और इसका असर उनके स्कोर में नज़र आएगा।

आउट फील्ड में क्षेत्र-रक्षण करते हुए जिन कुछ खास बातों का ध्यान रखना ज़रूरी है वे इस तरह हैं—

गेंद को रोकना

जब गेंद क्षेत्र-रक्षक की ओर आ रही हो तो क्षेत्र-रक्षक की निगाह पूरी तरह से गेंद पर रहनी चाहिए और कोशिश करनी चाहिए कि गेंद को दोनों हाथों से पकड़ा जाए। सही तरीका यह है कि गेंद को दाएं हाथ की हथेली से पकड़ा जाता है और बाएं हाथ से उसे दबाकर निकलने नहीं दिया जाता है। क्षेत्र-रक्षक का शरीर गेंद को पकड़ते समय कुछ पीछे की ओर झुका होता है ताकि इससे फिर उठने में मदद मिले और क्षेत्र-रक्षक दाएं हाथ से गेंद को थ्रो कर सके।

भागते हुए गेंद को रोकना

यह क्षेत्र-रक्षण में एक बड़ा महत्त्वपूर्ण हिस्सा है क्योंकि हमेशा यह ज़रूरी नहीं है कि जहां क्षेत्र-रक्षक खड़ा है गेंद सीधी उसकी ओर आएगी। अच्छा क्षेत्र-रक्षक वही है जो भागते हुए गेंद को रोक सके। अगर भागते हुए गेंद को रोकना है तो अच्छा यह होगा कि ठीक गेंद को रोकते समय आपकी बाईं टांग आगे हो और दायां हाथ एवं दायां बाजू उससे भी आगे आकर गेंद को रोकें। निगाह पूरी तरह से गेंद पर ही होनी चाहिए और गेंद को रोकने के बाद उसी क्षण में दायें हाथ से ही उसे पकड़ में ले लेना चाहिए।

गेंद थ्रो करना

आपने गेंद को रोक लिया लेकिन अगर आप उसे अच्छी तरह से थ्रो न कर सकें तो आपकी टीम को आपसे गेंद रोकने का वह फायदा नहीं मिलेगा जो मिलना चाहिए था। अच्छी थ्रो से क्षेत्र-रक्षक बल्लेबाज़ों को एक फालतू रन लेने से रोक सकता है। अच्छी थ्रो से क्षेत्र-रक्षक रन लेने की जोखिम उठा रहे बल्लेबाज़ों में से किसी एक को रन आउट भी कर सकता है।

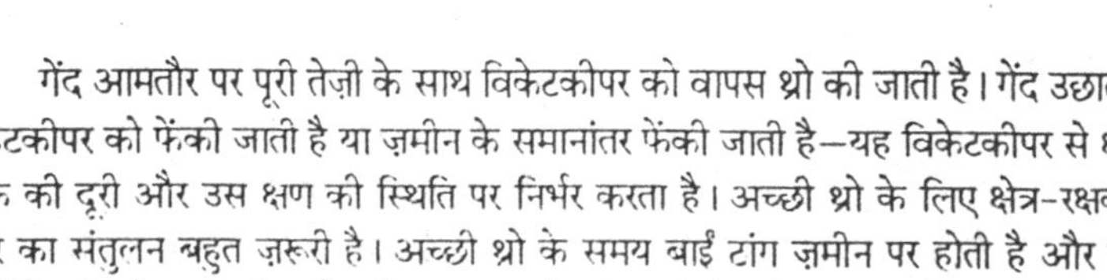

गेंद आमतौर पर पूरी तेज़ी के साथ विकेटकीपर को वापस थ्रो की जाती है। गेंद उछालकर विकेटकीपर को फेंकी जाती है या ज़मीन के समानांतर फेंकी जाती है—यह विकेटकीपर से क्षेत्र-रक्षक की दूरी और उस क्षण की स्थिति पर निर्भर करता है। अच्छी थ्रो के लिए क्षेत्र-रक्षक के शरीर का संतुलन बहुत ज़रूरी है। अच्छी थ्रो के समय बाईं टांग ज़मीन पर होती है और दायां पैर पीछे की ओर उठा होता है। थ्रो दाएं हाथ से की जाती है और संतुलन के लिए बायां बाजू पीछे चला जाता है।

अच्छी थ्रो को असरदार बनाने के लिए सिर्फ क्षेत्र-रक्षण कर रहे खिलाड़ी की अच्छी भूमिका से काम नहीं चलता। उस थ्रो को पकड़नेवाले विकेटकीपर (या और किसी क्षेत्र-रक्षक) को गेंद पकड़कर स्टंप्स पर हिट करने के लिए तैयार रहना चाहिए। आमतौर पर यह माना जाता है कि अगर बहुत दूरी से गेंद थ्रो की जा रही है तो इसे ऊंचा उछालकर फेंका जाना चाहिए। अगर विकेट के नज़दीक से थ्रो की जा रही है तो थ्रो कंधे की ऊंचाई तक होनी चाहिए। अगर बिलकुल ही विकेट के नज़दीक है तो गेंद पकड़ने के बाद उसे थ्रो के लिए ऊंचा उठाने तक की ज़रूरत नहीं है—उसे अंडर आर्म ही सीधे स्टंप्स पर थ्रो किया जा सकता है। इसलिए क्षेत्र-रक्षक के दिमाग का भी साथ में चलना बहुत ज़रूरी है। अगर गेंदबाज़ के सिरे की ओर भाग रहा बल्लेबाज़ रन आउट हो सकता है तो क्षेत्र-रक्षक के विकेटकीपर को अच्छी थ्रो करने से कोई फायदा नहीं मिलेगा।

कैच लपकना

कुछ क्षेत्र-रक्षक ऐसे होते हैं जिनकी ओर उछला हुआ कैच छूटने का सवाल ही पैदा नहीं होता। कुछ क्षेत्र-रक्षक ऐसे भी होते हैं जिनकी ओर अगर कैच उछल जाए तो मैदान में मौजूद हर कोई पहले से ही यह मान लेता है कि इस कैच के लपके जाने का तो सवाल ही नहीं पैदा होता। जोंटी रोड्स जैसे क्षेत्र-रक्षक ऐसे कैच लपक सकते हैं जिनके बारे में यह कहा जा सकता है कि कैच लपकने के बारे में सोचा भी नहीं जा सकता था। 1992 के विश्व कप में जोंटी रोड्स को एक मैच के दौरान गेंद को स्टंप्स पर थ्रो करने का समय नहीं मिला था तो वह गेंद को हाथ में पकड़कर डाइव लगाकर खुद ही स्टंप्स पर गिर पड़ा था ताकि बल्लेबाज़ को रन आउट किया जा सके। इसी तरह से आउट फील्ड में डाइव लगाकर कैच लपकनेवाले जांबाज़ क्षेत्र-रक्षक हमेशा तारीफ़ पाते हैं।

कैच को लपकने से पहले शरीर का संतुलन कुछ आगे की ओर बढ़े हुए दोनों पैरों पर बराबर-बराबर होना चाहिए। दोनों बाजू गेंद को लपकने के लिए एक-से झुके हों और हाथ गेंद के बिलकुल नीचे साथ-साथ। निगाह पूरी तरह से कैच के रूप में आ रही गेंद पर होनी चाहिए।

ज्यों ही गेंद हाथ में आती है टांगें सीधी हो जाती हैं और दोनों हाथों से एक साथ गेंद को पकड़ा जाता है। आंखें तब भी गेंद पर लगी रहती हैं।

स्पष्ट है कि कैच लपकने के लिए एकाग्रता बहुत ज़रूरी है, शरीर का संतुलन बहुत ज़रूरी है और दोनों हाथों से ऐसा कप बना लेना चाहिए ताकि गेंद सीधी उसमें आकर फंस जाए। गेंद लपकने के समय तक बाज़ू ढीले होने चाहिएं ताकि अगर बिलकुल आखिरी क्षण पर ज़रूरत हो तो हाथों को जल्दी से हिलाया जा सके। इस सारी प्रक्रिया में सिर न ही हिले तो अच्छा है क्योंकि इससे संतुलन खराब होगा।

ऊंचे उछले हुए कैच लपकना और भी ज़्यादा मुश्किल है। जब तक क्षेत्र-रक्षक को पूरी तरह से गेंद के रास्ते का अनुमान न हो जाए उसे अपनी जगह पर स्थिर रहना चाहिए। एक बार गेंद अपने रास्ते में साफ-साफ नज़र आने लगे तो क्षेत्र-रक्षक को गेंद की लाइन में गेंद के नीचे आ जाना चाहिए। ऊंचे उछले हुए कैच को आंखों के ऊपर ही लपकने की कोशिश करनी चाहिए क्योंकि उस समय तक गेंद पूरी तरह से आंखों के आगे रहेगी। अगर गेंद आंखों के आगे से निकल चुकी हो तो उसे लपकने के समय क्षेत्र-रक्षक की निगाह गेंद पर नहीं होगी। जो क्षेत्र-रक्षक गेंद के बिलकुल नीचे आकर कैच लपकेगा वह गलती नहीं करेगा।

इसके अतिरिक्त क्षेत्र-रक्षक फिर भी अलग-अलग परिस्थितियों में ऐसे बेमिसाल कैच लपकते रहे हैं जिनका स्पष्टीकरण क्रिकेट की कोई किताब नहीं देती।

विकेट के नज़दीक क्षेत्र-रक्षण करना बड़ा मुश्किल काम है क्योंकि इसमें आपको बैट से लगने के बाद तेज़ी से आ रही गेंद को देखने के लिए एक क्षण का भी समय नहीं मिलता। क्षेत्र-रक्षक को एक सैकंड से भी कम समय में यह तय करना होता है कि वह इस गेंद को कैसे पकड़ेगा। इसके अतिरिक्त चूंकि गेंद सीधी बैट से लगकर आती है इसलिए वह बेहद तेज़ होती है और ऐसी तेज़ गेंद को रोकना आसान नहीं होता है। विकेट के नज़दीक क्षेत्र-रक्षण करनेवाले को चोट का भी डर लगा रहता है।

इस सबके बावजूद विकेट के नज़दीक क्षेत्र-रक्षण करनेवाले गज़ब का क्षेत्र-रक्षण करते हैं। अब विकेट के नज़दीक क्षेत्र-रक्षण करनेवाले अपने बचाव के लिए हेलमेट पहन लेते हैं लेकिन जिस समय एकनाथ सोलकर बैट के बिलकुल सामने सिर्फ कैप पहनकर क्षेत्र-रक्षण करता था तो वह इतना नज़दीक खड़ा होता था कि कई बार तो ऐसा लगता था कि बल्लेबाज़ के बैट घुमाने से ही उसे बैट से चोट लग जाएगी। स्लिप का क्षेत्र-रक्षण भी इसी तरह से महत्त्वपूर्ण है। तेज़ गेंदबाज़ की गेंद बैट के बाहरी किनारे को छूकर जब कैच के रूप में स्लिप में आती है तो पलक झपकने से पहले ही स्लिप के क्षेत्र-रक्षक को कैच लपकना होता है।

इसमें कोई शक नहीं कि क्रिकेट के आधुनिक युग में क्षेत्र-रक्षण का स्तर बहुत अच्छा हो गया है और आज के खिलाड़ी क्षेत्र-रक्षण के महत्त्व को समझने लगे हैं। इसीलिए खिलाड़ियों की फिज़िकल फिटनेस पर बहुत ज़्यादा जोर दिया जाने लगा है।

अब हम कुछ खास स्थितियों में क्षेत्र-रक्षण की चर्चा करते हैं—

स्लिप में क्षेत्र-रक्षण

स्लिप में क्षेत्र-रक्षण बड़ा महत्त्वपूर्ण है और स्लिप में खड़े हुए अच्छे क्षेत्र-रक्षक विपक्षी टीम की पारी के शुरू में एक-दो विकेट गिराने में जो मदद देते हैं वह लाजवाब साबित होती है। हो सकता है कि स्लिप में एक साथ 4-5 क्षेत्र-रक्षक भी खड़े हों। 2-3 क्षेत्र-रक्षक तो आमतौर पर खड़े ही रहते हैं। आउट फील्ड में खड़ा हुआ क्षेत्र-रक्षक तो फिर भी किसी एक गेंद के लिए राहत की सांस ले सकता है लेकिन स्लिप में खड़ा क्षेत्र-रक्षक किसी भी गेंद को नज़रअंदाज़ नहीं कर सकता। हो सकता है कि लंबे समय तक उसके पास एक भी गेंद न आए लेकिन वह हर गेंद का इंतज़ार यूं करता है मानो उसे मालूम है कि गेंद उसकी ओर ही आनी है।

स्लिप में खड़े क्षेत्र-रक्षक अपनी टांगें मोड़कर हाथों को कैच के लिए छाती के आगे लाकर कैच लपकने के लिए हर समय तैयार रहते हैं। स्लिप में कैच लपकना एक कला है। अपनी ओर आ रही गेंद की ओर झपटना नहीं चाहिए—गेंद को अपने तक आने का इंतज़ार कीजिए और उसे हाथों में लेकर हाथों को छाती तक लाइए। इससे गेंद पर पकड़ बनाने में मदद मिलेगी। पहली स्लिप पर खड़ा क्षेत्र-रक्षक कभी-कभी यूं लगता है कि मानो वह विकेटकीपर के साथ ही चिपका हुआ हो। इसलिए पहली स्लिप पर खड़े क्षेत्र-रक्षक को यह नाजुक फैसला करना होता है कि उछले हुए कैच को उसने खुद लपकना है या विकेटकीपर के लिए छोड़ देना है। दूसरी और तीसरी स्लिप पर खड़े क्षेत्र-रक्षण को इसकी तुलना में गेंद को देखने के लिए ज़्यादा समय मिलता है।

स्लिप में खड़े क्षेत्र-रक्षकों के बीच में आपस में कितनी दूरी होनी चाहिए इस बारे में कोई नियम नहीं है। इस बारे में भी कोई नियम नहीं है कि स्लिप के क्षेत्र-रक्षकों को स्टंप्स की लाइन से कितना पीछे खड़ा रहना चाहिए। यह सब कप्तान द्वारा बल्लेबाज़ और गेंद फेंकनेवाले गेंदबाज़ को देखकर तय किया जाता है।

गली एवं शार्ट लैग

गली के क्षेत्र-रक्षण में बड़ी हिम्मत की ज़रूरत है और यहां भी विशेषज्ञ क्षेत्र-रक्षक ही खड़ा करना होता है। आमतौर पर गली में तभी कैच उछलता है जब बल्लेबाज़ अपने बैट के पूरे ब्लेड के साथ गेंद को हिट करता है। गेंद गज़ब की तेज़ी के साथ आती है। अगर गली में लंबा क्षेत्र-रक्षक खड़ा हो तो बड़ा अच्छा रहता है क्योंकि वह अपने बाज़ू फैलाकर तेज़ी से निकल रही गेंद को पकड़ सकता है। गली पर खड़े क्षेत्र-रक्षक को गेंदबाज़ को नहीं देखना चाहिए। उसकी निगाह हमेशा बैट पर होनी चाहिए।

कभी-कभी गली के क्षेत्र-रक्षक को ग्लव्स से लगकर उछले हुए बैलून जैसे कैच भी मिल जाते हैं। इन्हें लपकने के लिए उसे डाइव भी लगानी पड़ सकती है।

शार्ट लैग में क्षेत्र-रक्षण करना बड़ा खतरनाक है। सिर्फ बैट से कुछ ही गज की दूरी पर खड़ा यह क्षेत्र-रक्षक हर शाट पर चोट खा सकता है। गेंद उसकी तरफ गोली की तरह से तेज़ आती है। आज इस क्षेत्र-रक्षक के लिए मदद के तौर पर हैलमेट, बाक्स और शिन गार्ड आ गए हैं लेकिन फिर भी यहां क्षेत्र-रक्षण करना आसान नहीं है। इस तरह के उपकरण ऊंचे दर्जे की क्रिकेट में तो क्षेत्र-रक्षक को मिल जाते हैं लेकिन साधारण दर्जे की क्रिकेट में क्षेत्र-रक्षक पूरा जोखिम उठाकर क्षेत्र-रक्षण करता है।

शार्ट लैग या सिली प्वांइट पर खड़े क्षेत्र-रक्षक से यह उम्मीद नहीं की जाती कि वह गेंद पर झपट्टा मारकर उसे रन के लिए जाने से रोके। अगर वह ऐसा कर लेता है तो बड़ी अच्छी बात है लेकिन उसकी असली भूमिका विकेट के नजदीक उछले हुए कैच को लपकने की होती है। इसके लिए उस क्षेत्र-रक्षक का फुर्तीला होना बहुत ज़रूरी है, उसकी आंखें पलक झपकने से पहले कैच को देख सकें और वह नीचे झुककर गेंद को उठा सके।

कवर एवं मिड विकेट

कवर पर क्षेत्र-रक्षण करना आसान नहीं है लेकिन जो खिलाड़ी यहां क्षेत्र-रक्षण करते हैं वे अपनी टीम के लिए गज़ब का योगदान देते हैं। स्लिप, गली या शार्ट लैग में खड़ा क्षेत्र-रक्षक एथलीट न भी हो तो भी चलेगा क्योंकि उसे आमतौर पर भागना नहीं है। इसीलिए कोलिन काउड्रे मिलबर्न जैसे मोटे शरीरवाले क्षेत्र-रक्षक स्लिप के बेमिसाल क्षेत्र-रक्षक साबित हुए। इन दिनों आस्ट्रेलिया के लिए खेल रहा डेविड बून भी मोटे शरीर का खिलाड़ी है। वह भी स्लिप का बहुत अच्छा क्षेत्र-रक्षक है। कवर के लिए एथलीट क्षेत्र-रक्षक चाहिए। इसीलिए भारत में अजहरुद्दीन और कपिल देव जैसे खिलाड़ी यहां क्षेत्र-रक्षण करते रहे हैं। रेंडल, क्लाइव लायड और डेविड गोवर जैस तेज़ भगनेवाले कवर के क्षेत्र-रक्षक थे। ये क्षेत्र-रक्षक भागते हुए गेंद पकड़ने में माहिर होते हैं और गेंद पकड़ने के ऐक्शन में ही गेंद को वापस थ्रो कर देते हैं। गेंद को थ्रो करने में एक क्षण की देरी का मतलब है कि बल्लेबाज़ को एक फालतू रन दे देना क्योंकि इस स्थिति में गेंद विकेट से थोड़ी दूर होती है और एक क्षण की देरी बल्लेबाज़ को एक फालतू रन लेने का मौका दे देती है।

कवर और मिड विकेट के क्षेत्र-रक्षक को इतना तेज़ होना चाहिए कि गेंद के अपने सफर के दौरान अपनी दिशा बदल लेने की हालत में वह क्षेत्र-रक्षक अपनी भी दिशा बदल सके। कवर और मिड विकेट के क्षेत्र-रक्षक को गेंद को पकड़ने में अपने शरीर का संतुलन बनाए रखना बहुत ज़रूरी है।

मिड ऑफ एवं मिड ऑन

इन दोनों स्थितियों में भरोसे के क्षेत्र-रक्षकों का खड़ा होना बहुत ज़रूरी है। ड्राइव लगाने वाला बल्लेबाज़ जब शाट लगाने में गलती करता है तो इन्हीं स्थितियों में कैच उछलता है। वेस्टइण्डीज़ के भूतपूर्व कप्तान विव रिचर्डस का कहना है कि हर टीम का ऑफ स्पिनर तो हमेशा यह चाहेगा कि टीम का सबसे बढ़िया क्षेत्र-रक्षक मिड आन पर खड़ा हो क्योंकि वह दाएं हाथ के बल्लेबाज़ को मज़बूर करेगा कि वह लैग पर खेले। इसी तरह से लैग स्पिनर यह चाहेगा कि सबसे बढ़िया कैच लपकनेवाला मिड ऑफ पर खड़ा हो।

यहां खड़े क्षेत्र-रक्षकों को एक और भूमिका निभानी होती है। जब विकेटकीपर के हाथ में थ्रो आती है तो वह मिड ऑफ या मिड ऑन पर खड़े क्षेत्र-रक्षक के जरिए ही गेंदबाज़ तक पहुंचाता है। मिड ऑफ या मिड ऑन के क्षेत्र-रक्षक के पास जब गेंद आती है तो वह गेंद पर चमक बनाए रखने के लिए गेंद को अपनी पतलून पर रगड़कर उसे चमकाता भी है। आमतौर पर टेस्ट टीमों में कप्तान या तो मिड ऑफ या मिड ऑन पर क्षेत्र-रक्षण करते हैं या स्लिप में क्षेत्र-रक्षण करते हैं क्योंकि इससे उन्हें गेंदबाज़ के साथ बात करते रहने का मौका भी मिल जाता है।

सीमा रेखा पर क्षेत्ररक्षण

आउट फील्ड में क्षेत्र-रक्षण की चर्चा हम ऊपर कर चुके हैं। यहां भी क्षेत्र-रक्षक का एथलीट होना बहुत ज़रूरी है क्योंकि हो सकता है कि उसे गेंद रोकने के लिए 10-20 गज़ भागना पड़े। इसी तरह से उसमें ऊंचे उछले हुए कैच को लपकने की भी योग्यता होनी चाहिए। तेज़ी से रन बनाने की कोशिश करनेवाले बल्लेबाज़ या छक्का लगाने की असफल कोशिश करनेवाले बल्लेबाज़ सीमा रेखा पर ही कैच देते हैं।

क्षेत्र-रक्षण एक बार सजा लेने के बाद कप्तान की ज़िम्मेदारी खत्म नहीं हो जाती। उसे हर बल्लेबाज़ को देखते हुए और हर गेंदबाज़ को देखते हुए लगातार क्षेत्र-रक्षण बदलना पड़ता है। कप्तान को यह देखना होता है कि क्षेत्र-रक्षण ऐसा न हो कि किसी हिस्से में तो क्षेत्र-रक्षक फिजूल में खड़े रहें और किसी हिस्से में ज़रूरत के मुताबिक क्षेत्र-रक्षक न हों। अगर एक बल्लेबाज़ फेंकी जा रही गेंद पर लैग में शाट नहीं लगा पा रहा है तो लैग पर एक या दो क्षेत्र-रक्षक खड़े करने से काम चलेगा। स्पष्ट है कि ऐसा बल्लेबाज़ ऑफ साइड पर ज़्यादा स्ट्रोक लगाएगा और उसी हिसाब से क्षेत्र-रक्षण सजाना ज़रूरी है।

विकेटकीपिंग

विकेटकीपिंग अपने आपमें एक विशेषज्ञ भूमिका है। पिछले कुछ सालों से टीमें इस बात को नज़रअंदाज़ कर रही हैं। अब टीमें ऐसा विकेटकीपर चाहती हैं जो बढ़िया बल्लेबाज़ भी हो लेकिन चाहे वह बढ़िया विकेटकीपर न हो। ऐसा विकेटकीपर टीम के लिए रन तो बना देता है लेकिन अपनी विकेटकीपिंग के दौरान ग़लतियों से वह टीम के लिए उतना ही नुकसान कर देता है। 1995 के इंग्लिश सत्र में इंग्लैण्ड की टीम में (वेस्टण्डीज़ के विरुद्ध टेस्ट मैचों के लिए) एलक स्टीवर्ट को ज़बरदस्ती विकेटकीपर बनाया गया। पहले तीन टेस्ट मैचों में इसका नतीजा यह रहा कि स्टीवर्ट न तो बल्लेबाज़ के रूप में अच्छे रन बना पाया और न ही बढ़िया विकेटकीपिंग कर पाया। आखिर में मजबूरी में अंतिम तीनों टेस्ट मैचों के लिए इंग्लैण्ड ने विशेषज्ञ विकेटकीपर जैक रसैल को खिलाया। रसैल ने बढ़िया विकेटकीपिंग की और मज़े की बात यह रही कि उसने अच्छे रन भी बनाए।

ऐसा नहीं है कि विकेटकीपर अच्छे बल्लेबाज़ नहीं होते। अगर ज़्यादा पीछे न जाएं तो भारत के फ़ारूख इंजीनियर, कुंदरन, सैय्यद किरमानी और किरन मोरे जितने अच्छे विकेटकीपर थे उतने ही अच्छे बल्लेबाज़ थे। आस्ट्रेलिया का विकेटकीपर इयान हीले अपनी टीम के लिए बल्लेबाज़ के रूप में ग़ज़ब की भूमिका निभाता है।

विकेटकीपर चूंकि विकेट के नज़दीक खड़ा होता है इसलिए स्पष्ट है कि उसे चोट लगने का खतरा होता है। तेज़ गेंदबाज़ की गेंद पर ज़रा-सी ग़लती करने पर गेंद सीधी विकेटकीपर के चेहरे पर लग सकती है। विकेटकीपर को पूरी पारी के दौरान हर गेंद पर एकाग्रता बनाए रखनी होती है। गेंदबाज़ द्वारा अपना रन-अप शुरू करने के क्षण से उस गेंद के डैड हो जाने तक विकेटकीपर उस गेंद के साथ जुड़ा रहता है। अगर बल्लेबाज़ ने शाट लगा दिया तो विकेटकीपर थ्रो का इंतज़ार करता है और थ्रो को अच्छी तरह से पकड़ लेने से ही उसकी भूमिका पूरी नहीं हो जाती। उसको थ्रो को पकड़कर रन लेनेवाले बल्लेबाज़ को रन-आउट करने की कोशिश भी करनी होती है।

विकेटकीपर का मनोविज्ञान अन्य सभी खिलाड़ियों से अलग होता है। मैच चाहे कैसी भी स्थिति में हो—विकेटकीपर को शांत रहना चाहिए और अपना संयम नहीं खोना चाहिए। इसी तरह से विकेटकीपर द्वारा की गई ग़लती पर चाहे गेंदबाज़ उसे गाली निकाले या कप्तान गुस्सा करे, विकेटकीपर को अपना संतुलन नहीं खोना चाहिए। अगर उसका मानसिक संतुलन खराब हो गया तो वह अगली गेंद पर फिर से ग़लती कर देगा और इस ग़लती का नुकसान पहले की गई ग़लती से भी ज़्यादा होगा।

कई विकेटकीपरों के बारे में यह कहा गया है कि वे टीम के कप्तान की मौजूदगी के बावजूद मैच में इस तरह से शामिल हो जाते हैं कि मानो वे खुद कप्तान हों। यह धारणा गलत नहीं है क्योंकि विकेटकीपर गेंद की लाइन को सबसे बढ़िया स्थिति से देखता है। वह इस बात को महसूस कर सकता है कि बल्लेबाज़ को किस तरह की गेंद के साथ रन बनाने से रोका जा सकता है या गेंदबाज़ गेंद फेंकते हुए किस तरह की ग़लती कर रहा है। इसके अतिरिक्त

अगर कप्तान आउट फील्ड में क्षेत्र-रक्षण कर रहा है तो कप्तान के निर्देश पर विकेटकीपर ही नए ओवर के लिए गेंदबाज़ को गेंद देता है। उस समय विकेटकीपर ही गेंदबाज़ को हौसला बढ़ानेवाले और गेंद में बदलाव लानेवाले सुझाव देता है।

मैच के दौरान आपने अकसर ही देखा होगा कि विकेटकीपर कभी तो बिलकुल स्टंप्स के ऊपर और कभी स्टंप्स से पीछे खड़ा होता है। ऐसा कब और क्यों होता है इसको समझना आवश्यक है।

स्टंप्स से पीछे खड़ा होना

सबसे पहली बात तो यह है कि तेज़ गेंदबाज़ की गेंद पर विकेटकीपर स्टंप्स से पीछे दूर खड़ा होता है। स्टंप्स से पीछे उसे कितनी दूर खड़ा होना है इस बारे में कोई नियम नहीं है। इसका फैसला उसे गेंदबाज़ को देखकर खुद ही करना होता है। विकेटकीपर इतना पीछे खड़ा होता है ताकि वह गेंद को बल्लेबाज़ से पार होने के बाद एक टप्पे की उछाल पर पकड़ ले। अगर विकेटकीपर को यह महसूस होता है कि उसे आगे खड़ा होना चाहिए तो वह आगे खड़ा हो जाएगा और अगर कोई बहुत तेज़ गेंद फेंक रहा है तो वह पीछे चला जाएगा।

हां विकेटकीपर किस लाइन में हो, यह महत्त्पूर्ण है। आमतौर पर विकेटकीपर ऑफ स्टंप की लाइन पर खड़े होते हैं ताकि वे गेंदबाज़ के हाथ से गेंद छूटते हुए देख सकें। अगर बाएं हाथ का गेंदबाज़ एक दाएं हाथ के बल्लेबाज़ को गेंद फेंक रहा है तो विकेटकीपर पहली स्लिप की स्थिति पर पहुंच जाते हैं। स्पष्ट है कि विकेटकीपर को गेंदबाज़ के हिसाब से अपनी स्थिति बदलनी है।

विकेटकीपर को भी यह फैसला करना होता है कि उसे किस कैच को लपकना है और किस कैच को पहली स्लिप के क्षेत्र-रक्षक के लिए छोड़ देना है। अगर विकेटकीपर सही अनुमान नहीं लगाएगा तो वह पहली स्लिप के क्षेत्र-रक्षक की ओर जा रहे कैच को लपकने के लिए ज़बरदस्ती गेंद के रास्ते में आएगा और ऐसे में वह ग़लती भी कर सकता है।

विकेटकीपर की फुर्ती बहुत ज़रूरी है। स्टंप्स से पीछे होने के बावजूद विकेटकीपर को फौरन स्टंप्स पर आ जाना चाहिए क्योंकि तभी तो वह थ्रो को ठीक तरह से पकड़ पाएगा और रन लेने की कोशिश कर रहे बल्लेबाज़ को रन-आउट कर पाएगा।

जो टीमें थ्रो को पकड़ने की पूरी ज़िम्मेदारी सिर्फ़ अपने विकेटकीपर पर डाल देती हैं वे ग़लती करती हैं क्योंकि तभी ओवर थ्रो से रन बनते हैं। विकेट के नज़दीक क्षेत्र-रक्षण करने वाले अन्य क्षेत्र-रक्षकों को थ्रो के समय विकेटकीपर के पीछे रहना चाहिए ताकि अगर विकेटकीपर से थ्रो पकड़ने में कोई ग़लती हो तो वे गेंद को पकड़ सकें।

स्टंप्स पर खड़ा होना

तेज़ गेंदबाज़ के लिए विकेटकीपर स्टंप्स पर खड़ा होकर गेंद पकड़ने का जोखिम नहीं उठा सकता। वह स्पिनरों और धीमी गति के गेंदबाज़ी के लिए स्टंप्स पर खड़ा होता है। आमतौर पर यह माना जाता है कि तेज़ गेंदबाज़ की गेंद की तेज़ी के कारण उसकी गेंद पर विकेटकीपिंग करना बड़ा मुश्किल काम है। असलियत यह है कि स्पिनर की गेंद पर स्टंप्स पर खड़े होकर विकेटकीपिंग करना बड़ा मुश्किल काम है क्योंकि इसमें विकेटकीपर की फुर्ती का असली इम्तिहान होता है। स्टंप्स पर खड़े होने के कारण विकेटकीपर बल्लेबाज़ को रन-आउट कर सकता है। स्टंप्स पर खड़े होने के कारण विकेटकीपर के आगे बल्लेबाज़ आ जाता है और विकेटकीपर

गेंद को बल्लेबाज़ तक आते हुए पूरी तरह से नहीं देख पाता है। इसीलिए ऐसी स्थिति में उसके लिए गेंद के बारे में कोई अनुमान लगाना और भी मुश्किल हो जाता है। इस बात के पूरे आसार हैं कि जिस तरह से गेंद के टर्न या गेंद की फ्लाइट ने बल्लेबाज़ को बीट किया है उसी तरह से वह विकेटकीपर को भी बीट कर सकती है।

अगर एक दाएं हाथ के बल्लेबाज़ के लिए विकेटकीपर स्टंप्स पर खड़ा है तो उसका बायां पैर मिडिल ऑफ स्टंप पर होना चाहिए तथा दूसरा पैर ऑफ स्टंप से बाहर इतनी दूरी पर होना चाहिए जिससे वह आराम से खड़ा हो सके। गेंद फेंके जाने के समय वह झुका हो, उसके हाथ टांगों के बीच में हों और उंगलियों की दिशा नीचे की ओर हो। यहां तक कि वह उंगलियों को नीचे ज़मीन पर लगा भी सकता है।

जब वह ऑफ स्टंप के बाहर गेंद को पकड़ता है तो उसे गेंद के अपने तक आने का इंतज़ार करना चाहिए। अगर वह फिजूल में गेंद को पकड़ने के लिए उतावलापन दिखाएगा तो ग़लती करेगा।

विकेटकीपर में एक और आदत का होना बहुत ज़रूरी है। उसे जरा-सा भी आभास हो कि बल्लेबाज़ स्टंप आउट हो सकता है तो गेंद पकड़ने के बाद हाथों को गेंद स्टंप पर हिट करने के लिए स्टंप तक ले जाना चाहिए। धीरे-धीरे विकेटकीपर को इसकी आदत हो जाती है और गेंद पकड़कर हाथों को स्टंप तक ले जाना उसके लिए आम बात हो जाती है। अगर विकेटकीपर लैग साइड पर गेंद पकड़ता है तो उसे फटाफट अपनी पुरानी स्थिति में वापस आ जाना चाहिए।

यूं तो विकेटकीपर के गेंद पकड़ने के बारे में हम ऊपर विस्तार से चर्चा कर चुके हैं लेकिन फिर भी खास स्थितियों पर एक नज़र—

विकेटकीपर की स्थिति

दोनों घुटने झुके हैं और ऐसा लगता है कि विकेटकीपर बैठा हुआ है। दायां पैर स्टंप्स से बाहर है। इसी तरह से आंखें स्टंप्स से बाहर हैं और विकेटकीपर गेंद को गेंदबाज़ के हाथ से छूटते हुए देख रहा है। हथेलियां सामने की ओर हैं तथा उंगलियां नीचे ज़मीन को छू रही हैं।

ऑफ स्टंप के बाहर गुड लैंथ गेंद को पकड़ना

दायां पैर ऑफ स्टंप से और बाहर चला गया है। विकेटकीपर उठकर अपने हाथों को गेंद की ऊंचाई तक ले आया है। हथेलियां अभी भी सामने की ओर हैं और वह दोनों ग्लव्स से गेंद को पकड़ रहा है।

ऑफ स्टंप से बाहर यार्कर को पकड़ना

देखिए विकेटकीपर स्टंप्स से कितना बाहर आ गया है। उसका सिर अभी भी स्थिर है और आंखें नीचे नहीं, सामने देख रही हैं। इसीलिए हाथों से गेंद पकड़कर विकेटकीपर बल्लेबाज़ को स्टंप आउट करने की कोशिश कर सकता है।

ऑफ स्टंप के बाहर गेंद को पकड़ना और स्टंप आउट की कोशिश करना

दाईं टांग के ऊपर ग्लव्स लाकर विकेटकीपर ने गेंद को पकड़ा है। बायां हाथ दाएं हाथ की मदद के लिए तैयार है। गेंद दाएं हाथ में ही होगी और उसी को विकेटकीपर स्टंप्स की ओर लाएगा।

लैग स्टंप के बाहर की गेंद को पकड़ना

अब शरीर का वजन बाईं टांग पर है। बाईं कोहनी उठी हुई है। इसलिए बायां हाथ ऊपर हो गया है। दायां हाथ नीचे से मदद दे रहा है।

विकेटकीपर की सफलता के लिए उसके पास अच्छे ग्लव्स और अच्छे पैड होना बहुत ज़रूरी है। आजकल विकेटकीपर तरह–तरह के उपकरण पहनते हैं। क्रिकेट के खेल में एक कहावत है कि अच्छे विकेटकीपर पैदा होते हैं, बनते नहीं हैं। यह कहावत अब ग़लत सिद्ध हो रही है। आज के कई सफल विकेटकीपर अपनी मेहनत और अभ्यास की बदौलत सफल हैं। विकेटकीपर की सफलता टीम की सफलता में महत्त्वपूर्ण योगदान देती है। विकेटकीपर की ग़लती पूरी टीम की मेहनत पर पानी फेर सकती है। 1979 में भारत ने अपनी इंग्लैण्ड यात्रा के लिए किरमानी जैसे विकेटकीपर की मौजूदगी के बावजूद भरत रेड्डी जैसे साधारण विकेटकीपर को टेस्ट मैचों में खेलने का मौका दिया। भरत रेड्डी की असफलता ने उस श्रृंखला में भारत की हार में महत्त्वपूर्ण योगदान दिया।

कप्तानी

टीम का कोई भी एक खिलाड़ी कप्तानी कर सकता है—यह धारणा गलत है। कई ऐसे खिलाड़ी हुए जो अंतरर्राष्ट्रीय स्तर पर अच्छे खिलाड़ी नहीं साबित हो पाए लेकिन इस बात से कोई इनकार नहीं कर सकता कि अगर वे नियमित रूप से अपनी टीम के कप्तान होते तो उनकी कप्तानी से ही टीम को बड़ा फायदा होता। भारत में अशोक मानकड का नाम इस संदर्भ में लिया जा सकता है। माइक ब्रेयरली ने कई साल तक इंग्लैण्ड की कप्तानी की लेकिन अगर एक खिलाड़ी के रूप में ब्रेयरली के रिकॉर्ड को देखें तो यह कहना गलत नहीं होगा कि वे इंग्लैण्ड की टीम में स्थान पाने के हकदार नहीं थे। ब्रेयरली के नेतृत्व में इंग्लैण्ड ने 31 टेस्ट मैच खेले और ब्रेयरली को इंग्लैण्ड के सबसे सफल कप्तानों में से एक गिना जाता है।

कप्तानी की ज़िम्मेदारी का मनोविज्ञान झेलना हर किसी के बस की बात नहीं है। कई खिलाड़ियों के क्रिकेट जीवन को कप्तानी ने बुरी तरह से प्रभावित किया और कप्तानी के बोझ में वे अपनी सही प्रतिभा के हिसाब से क्रिकेट नहीं खेल पाए। आस्ट्रेलिया के भूतपूर्व कप्तान किम ह्यूज का उदाहरण हमारे सामने है। ह्यूज को टीम के खिलाड़ियों ने पूरा समर्थन नहीं दिया और अन्य कई ऐसे कारण रहे जिनकी वजह से ह्यूज के नेतृत्व में आस्ट्रेलिया की टीम असफल होती रही। इस सबसे ह्यूज का क्रिकेट जीवन प्रभावित हुआ कि उसने न सिर्फ़ कप्तानी को छोड़ा बल्कि क्रिकेट खेलना ही छोड़ दिया। इसी तरह से 1974 में इंग्लैण्ड में भारत की टीम हारी थी तो अजीत वाडेकर कप्तान के रूप में असफल हुए थे लेकिन एक बल्लेबाज़ के रूप में वे अभी भी और एक-दो साल भारतीय टीम में एक स्थान के हकदार थे। हार से वाडेकर का मनोबल इतना गिर गया था कि उन्होंने क्रिकेट से ही संन्यास ले लिया।

अगर टीम की जीत पर कप्तान को तारीफ मिलती है तो हार पर सबसे ज़्यादा आलोचना भी कप्तान की होती है। भारत और पाकिस्तान तो इस मामले में मशहूर हैं कि वे अपनी टीम की हार पर सबसे पहले कप्तान बदलते हैं। मैच के दौरान कई बातें ऐसी होती हैं जो कप्तान के नियंत्रण से बाहर होती हैं लेकिन फिर भी उनके लिए कप्तान को ज़िम्मेदार माना जाता है। अगर मैदान में मौजूद बल्लेबाज़ फिजूल में धीमी बल्लेबाज़ी करते हैं तो भी उसके लिए कप्तान ज़िम्मेदार माना जाता है। इसी तरह से धीमी ओवर गति के लिए भी कप्तान ज़िम्मेदार है। इतना ही नहीं, मैच शुरू होने से पहले टीम के चयन का तनाव भी कप्तान को झेलना पड़ता है और जब तक मैच शुरू नहीं हो जाता उसका ध्यान खेल पर नहीं लगता।

इन सब मुश्किलों के बावजूद क्रिकेट इतिहास में कई कप्तान ऐसे हुए हैं जिन्होंने कप्तानी की शोभा को बढ़ाया है। कई विशेषज्ञों ने ठीक कहा है कि ऊंचे दर्जे की टीम अपने आप भी कप्तान को सफल बना देती है। उदाहरण के तौर पर वेस्टइण्डीज़ क्रिकेट के स्वर्णिम युग में अगर क्लाइव लायड की जगह और कोई खिलाड़ी वेस्टइण्डीज़ का कप्तान होता तो भी वेस्टइण्टीज़ की टीम का जीत का रिकॉर्ड उतना ही बढ़िया होता। इसी तरह से अगर क्लाइव लायड को

उनकी कप्तानी को देखकर श्रीलंका का कप्तान बना दिया जाता तो अपनी कप्तानी के दम पर वे श्रीलंका की टीम को उतने टेस्ट मैच नहीं जिता सकते थे जितने उन्होंने वेस्टइण्डीज़ को जिताए। कप्तान की सफलता और असफलता और कई बातों पर निर्भर है। आज अजहरुद्दीन को भारत का सबसे सफल कप्तान माना जाता है लेकिन उसे भारत का बेहतरीन कप्तान नहीं माना जा सकता। अजहरुद्दीन की सफलता में इस बात को ध्यान में रखना होगा कि भारत ने पिछले 2-3 साल में ज़्यादातर टेस्ट मैच भारत में ही खेले हैं और इनमें से भी ज़्यादातर न्यूज़ीलैण्ड, श्रीलंका और ज़िंबाब्वे जैसे कमज़ोर देशों के विरुद्ध खेले हैं। वेस्टइण्डीज़ की जो टीम कर्टनी वाल्श की कप्तानी में भारत आई थी उसमें वेस्टइण्डीज़ के कई नियमित खिलाड़ी नहीं थे। इसके बावजूद अजहरूद्दीन वेस्टइण्डीज़ को टेस्ट शृंखला में हराने में असफल रहा था। इसी से अंदाज़ा लग जाता है कि विपक्षी टीम का स्तर ऊंचा होने से अज़हरुद्दीन को वह सफलता नहीं मिली जो उसने श्रीलंका और ज़िंबाब्वे के विरुद्ध पाई।

कप्तानी के दबाव को झेलना हर खिलाड़ी के बस की बात नहीं है। कोई अच्छा खिलाड़ी है इसका मतलब यह नहीं है कि वह अच्छा कप्तान भी होगा। इयान बाथम और कपिल देव अपने-अपने समय के महा आल राउंडर थे। एक खिलाड़ी के रूप में इनकी जैसी प्रतिष्ठा है कप्तानी में ये दोनों असफल रहे। टेस्ट क्रिकेट में 400 से ज़्यादा विकेट लेनेवाले रिचर्ड हैडली को न्यूज़ीलैण्ड ने एक भी टेस्ट के लिए कप्तान नहीं बनाया जबकि ली जर्मन को 1995 में भारत की यात्रा के लिए एक भी टेस्ट मैच के अनुभव के बिना न्यूज़ीलैण्ड की टीम का कप्तान बना दिया गया।

अब हम कप्तानी से जुड़े कुछ महत्त्वपूर्ण पहलुओं पर नज़र डालते हैं।

खिलाड़ी की योग्यता को समझना

कोई भी कप्तान अपनी टीम के खिलाड़ियों के खेल और उनकी भावना को समझेगा। अगर टीम के एक बल्लेबाज़ ने शतक बनाया है तो हर बल्लेबाज़ को शतक बनाना चाहिए, यह सोचना गलत है। कप्तान को बल्कि असफल हुए खिलाड़ी का हौसला बढ़ाना चाहिए और उसे अगली पारी में अच्छा स्कोर करने के लिए प्रेरित करना चाहिए। इसी तरह से जिस गेंदबाज़ को विकेट नहीं मिल रहे हैं उसे डांटने से काम नहीं चलेगा। बल्कि कप्तान उसकी गेंदबाज़ी को ध्यान से देखे और उसे गेंदबाज़ी में हो रही गलती को दूर करने में मदद दे।

इस संदर्भ में यह ज़रूर कहा जाएगा की कप्तान कि उन खिलाड़ियों से बनी हुई टीम दी जानी चाहिए जिनकी योग्यता पर कप्तान को भरोसा हो। अगर टीम में कोई खिलाड़ी ज़बरदस्ती शामिल कर दिया जाएगा तो कप्तान उस खिलाड़ी का सही उपयोग नहीं करेगा और आखिर में इससे टीम का खेल प्रभावित होगा। अज़हरुद्दीन ने उसका सही उपयोग नहीं किया। इसी तरह 1995 के एशिया कप के लिए जब चयनकर्ताओं ने ज़बरदस्ती वेंकटपति राजू की जगह उत्पल चटर्जी को भारत की टीम में शामिल कर दिया तो मैच के दौरान अज़हरुद्दीन ने उसे गेंदबाज़ी का मौका ही नहीं दिया। इसलिए ज़रूरी यह है कि खिलाड़ियों को अपने कप्तान का पूरा विश्वास हासिल हो।

कप्तान से भी यह उम्मीद की जाती है कि वह खिलाड़ियों के चयन में पक्षपात न करे और टीम के लिए उन्हीं खिलाड़ियों को चुने जो टीम में आने के हकदार हैं।

मैदान में क्षेत्ररक्षण की स्थिति

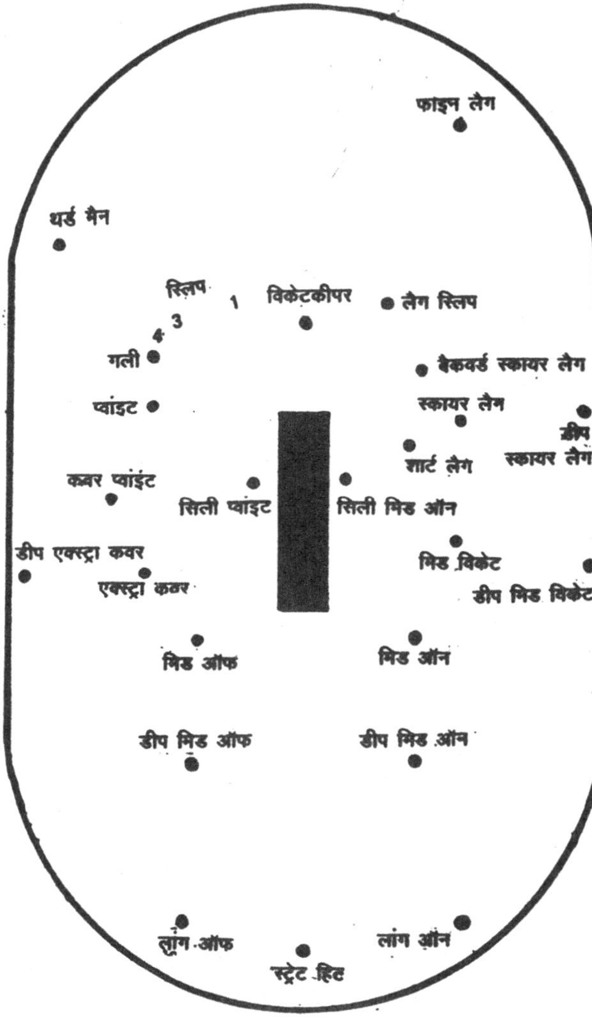

एक तेज गेंदबाज के लिए क्षेत्ररक्षण

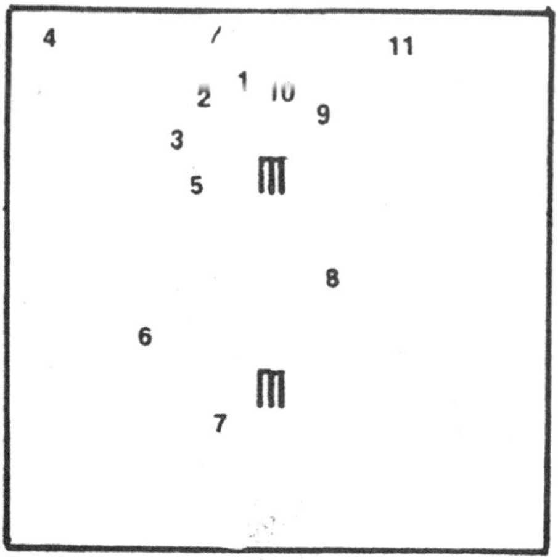

1 पहली स्लिप

2. दूसरी स्लिप

3 तीसरी स्लिप

4 थर्ड मैन

5. गली

6 शार्ट एक्स्ट्रा कवर

7. गेंदबाज

8 फारवर्ड शार्ट लैग

9. लेग स्लिप

10 विकेट कीपर

11 फाइन लेग

जरूरत पडने पर तीसरी स्लिप के क्षेत्ररक्षक को मिड ऑफ में खड़ा किया जा सकता है। लेग स्लिप की स्थिति गेंद की तेजी के हिसाब से बदलेगी।

मध्यम तेज इन स्विंग गेंदबाज के लिए क्षेत्ररक्षण

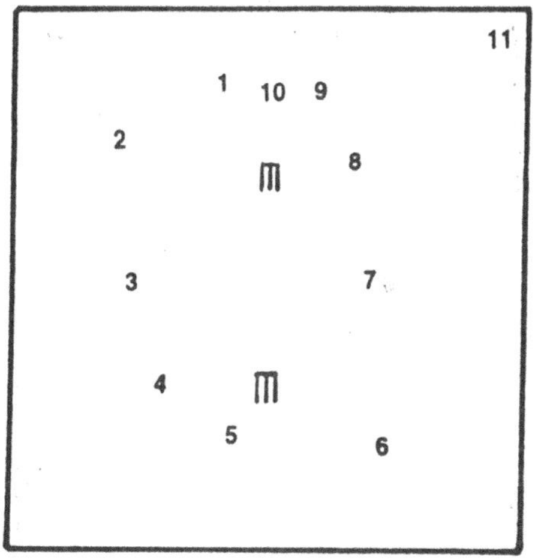

1. पहली स्लिप
2 शार्ट थर्ड मैन
3 ,कवर प्वाइंट
4 मिड आफ
5 गेंदबाज
6 मिड आन
7 फारवर्ड शार्ट लैग
8 बैक वर्ड शार्ट लैग
9 लैग स्लिप
10 विकेट कीपर
11 फाइन लैग

मध्यम तेज आउट स्विंग गेंदबाज के लिए क्षेत्ररक्षण

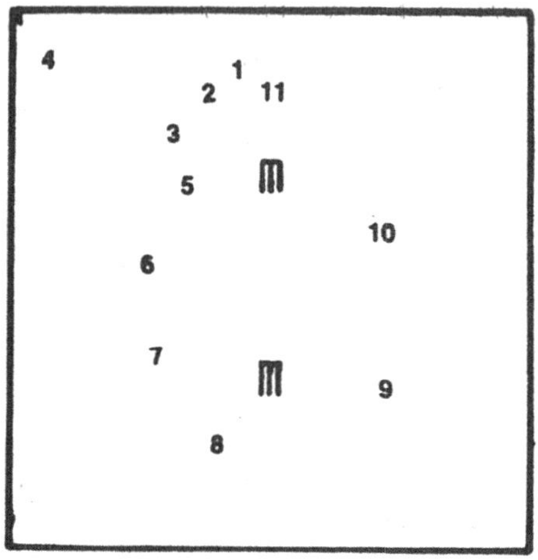

1 पहली स्लिप
2 दूसरी स्लिप
3 तीसरी स्लिप
4 थर्ड मैन
5 गली
6 कवर प्वाइंट
7 मिड ऑफ
8 गेंदबाज
9 मिड आन
10 शार्ट लैग
11 विकेट कीपर

अच्छे विकेट पर लैग ब्रेक गेंदबाज के लिए क्षेत्ररक्षण

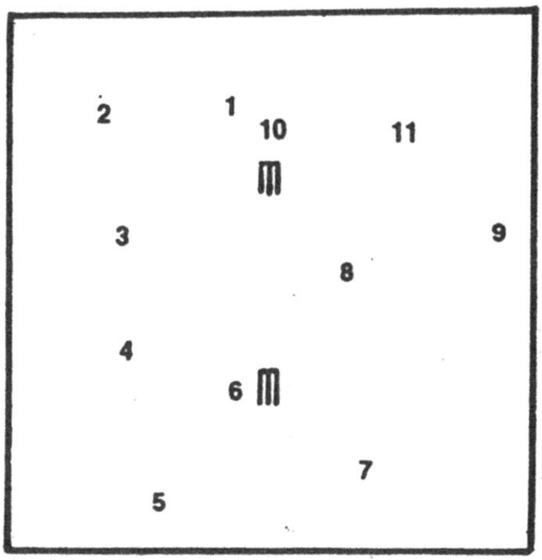

1 पहली स्लिप	2 शार्ट थर्ड मैन
3 कवर प्वाइंट	4 शार्ट एक्स्ट्रा कवर
5 डीप मिड ऑफ	6 गेंदबाज
7 डीप मिड आन	8 शार्ट लैग
9 डीप स्क्वायर लैग	10 विकेट कीपर
11 बैकवर्ड शार्ट लैग	

जरूरत न होने पर बैकवर्ड शार्ट लैग के क्षेत्ररक्षक को हटाया जा सकता है।

आफ ब्रेक गेंदबाज के लिए विकेट पर क्षेत्ररक्षण

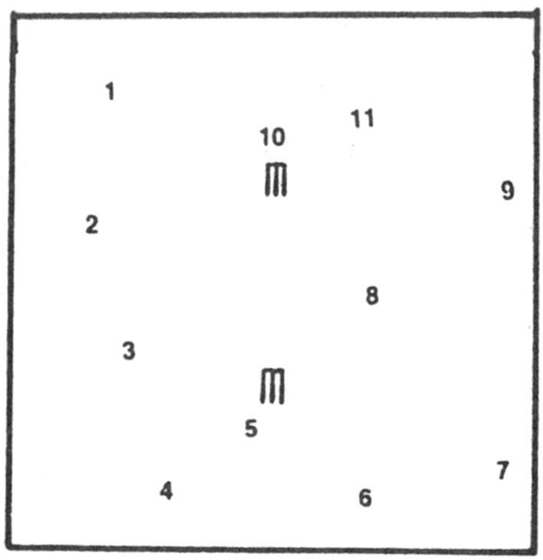

1	शार्ट थर्ड मैन	2	कवर प्वाइंट
3	शार्ट एक्स्ट्रा कवर	4	डीप मिड ऑफ
5	गेंदबाज	6	डीप मिड आन
7	डीप मिड विकेट	8	शार्ट लैग
9	डीप स्क्वायर लैग	10	विकेट कीपर
11	बैकवर्ड शार्ट लैग		

इस क्षेत्ररक्षण को तब सजाया जाता है जब बल्लेबाज प्रभुत्व में है। अगर शार्ट लैग और स्लिप पर कोई क्षेत्ररक्षक आ सके तो अच्छा रहेगा।

अच्छे विकेट पर बाएं हाथ के धीमे गेंदबाज के लिए क्षेत्ररक्षण

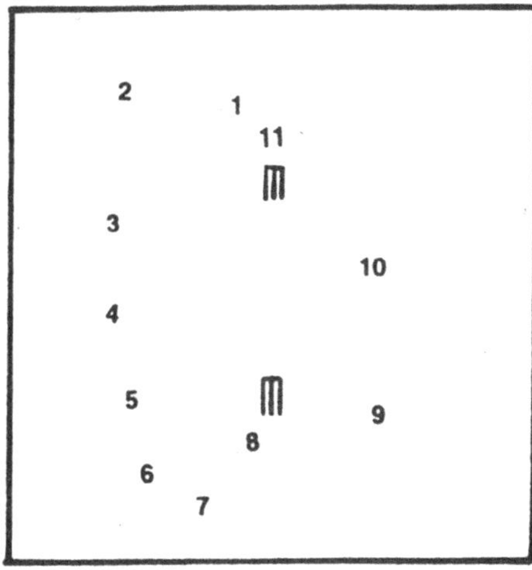

1	स्लिप	2	शार्ट थर्ड मैन
3	कवर प्वांइट	4	शार्ट एक्स्ट्रा
5	शार्ट एक्स्ट्रा	6	शार्ट एक्स्ट्रा
7	डीप मिड ऑफ	8	गेंदबाज
9	मिड आन	10	शार्ट मिड विकेट
11	विकेट कीपर		

बल्लेबाज को देखते हुए ४, ५, ६ स्थितियों को बदलना पड़ेगा।

अच्छे विकेट पर बाएं हाथ के धीमे चाइनामैन और गुगली गेंदबाज के लिए क्षेत्ररक्षण

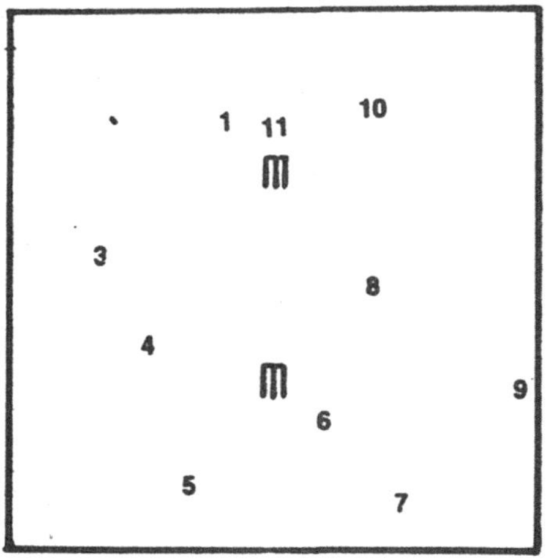

1 स्लिप
2 शार्ट थर्ड मैन
3 कवर प्वाइंट
4 शार्ट एक्स्ट्रा
5 डीप मिड ऑफ
6 गेंदबाज
7 डीप मिड आन
8 डीप शार्ट लैग
9 डीप मिड-विकेट
10 बैकवर्ड शार्ट लैग
11 विकेट कीपर

पारी के शुरू में अगर लैग स्लिप पर एक क्षेत्ररक्षक खड़ा किया जा सके तो अच्छा रहेगा। बाद में उसी को बैकवर्ड शार्ट लैग पर खड़ा कर सकते हैं।

कप्तानी का दबाव

कप्तानी का दबाव किसी भी कप्तान के रूप में प्रदर्शन और खिलाड़ी के रूप में प्रदर्शन को प्रभावित कर सकता है। ग्राहम गूच के टेस्ट जीवन को दो हिस्सों में बांटें तो पता लगता है कि ज़िन टैस्ट मैचों में गूच ने कप्तानी की उन टेस्ट मैचों में उसका बल्लेबाज़ी का रिकॉर्ड एक खिलाड़ी के रूप में खेले टेस्ट मैचों के रिकॉर्ड से कहीं बेहतर है। ऐसा बहुत कम कप्तानों के साथ हुआ है। हां ऐसा बहुत से कप्तानों के साथ हुआ है कि कप्तानी ने उनके खेल को प्रभावित कर दिया और वे टीम में महज एक कप्तान ही बनकर रह गए।

आधुनिक युग में कप्तानों पर बहुत ज़्यादा दबाव है और इसके लिए मीडिया बहुत कुछ ज़िम्मेदार है। हर मैच को देखने के लिए ढेरों पत्रकार मौजूद होते हैं जो अगले दिन अपना अलग-अलग नज़रिया लिखते हैं। मैच का टेलीविज़न पर प्रसारण कप्तान के प्रदर्शन को हर घर में पहुंचा देता है और मैदान से हज़ारों मील दूर बैठा क्रिकेट प्रेमी भी कप्तान की आलोचना खेल देखते हुए करने लगता है।

मैदान में कप्तान पर अपने खिलाड़ियों के व्यवहार को नियंत्रण में रखने की ज़िम्मेदारी भी है। अगर किसी गेंदबाज़ की अपील को अंपायर नहीं मानता है तो गेंदबाज़ की निराशा को नियंत्रण में रखना कप्तान की ज़िम्मेदारी हो जाती है। गेंदबाज़ के जरा-सा गुस्से पर गेंदबाज़ और कप्तान दोनों को दिन का खेल खत्म होने पर आई.सी.सी. के मैच रैफरी के सामने पेश होना पड़ेगा और हो सकता है कि तब इन्हें सज़ा भी मिल जाए।

कप्तान पर दबाव यहीं खत्म नहीं हो जाता है। खेल के लिए ज़रूरी हर फैसला कप्तान के लिए दबाव है। अगर विपक्षी टीम का कोई विकेट नहीं गिर रहा है तो भी और अगर कप्तान के किसी गेंदबाज़ को विकेट नहीं मिल रहे हैं तो भी।

टास जीतने पर

मैच की शुरुआत कप्तान के एक बड़े महत्त्वपूर्ण फैसले से भी होती है। जो कप्तान टास हारता है वह फैसला करने से बच जाता है लेकिन टास जीतनेवाले कप्तान को यह फैसला करना होता है कि उसकी टीम बल्लेबाज़ी करेगी या गेंदबाज़ी। टास जीतनेवाला कप्तान अपने इस सही फैसले से टेस्ट जीतने की दिशा में महत्त्वपूर्ण कदम बढ़ाता है। कई मैचों में विकेट इस तरह का होता है जिसके बारे में पहले से मालूम होता है। वहां टास जीतकर सही फैसला करना मैच जीतने की कुंजी बन जाता है। ऐसे विकेट पर टास हारनेवाला कप्तान पहले से ही यह मान लेता है कि वह टेस्ट नहीं जीत सकता।

1990 में जब भारत और इंग्लैण्ड के बीच लार्डस में टेस्ट मैच हुआ तो पहले से ही यह मालूम था कि विकेट बहुत आसान है और पहले दिन गेंदबाज़ों को विकेट से कोई मदद नहीं मिलेगी। अच्छे बल्लेबाज़ इस विकेट पर ढेरों रन बना सकते हैं। स्पष्ट है कि टास जीतनेवाले कप्तान को पहले बल्लेबाज़ी करने का फैसला करना था और मनोवैज्ञानिक लाभ उसे ही मिलना था। इसके बावजूद भारत के कप्तान अज़हरुद्दीन ने टास जीतकर इंग्लैण्ड को पहले बल्लेबाज़ी के लिए कह दिया। नतीजा यह रहा कि इंग्लैण्ड ने इस पारी में 600 रन बनाए जिनमें से 333 रन इंग्लैण्ड के कप्तान सलामी बल्लेबाज़ ग्राहम गूच के थे। अज़हरुद्दीन ने हालांकि शतक बनाया लेकिन भारत फिर भी मैच हार गया।

कई कप्तान पिच का मिज़ाज़ पढ़ने में बड़े माहिर होते हैं। वे पिच को देखकर समझ

लेते हैं कि पिच का व्यवहार कैसा होगा और उसी हिसाब से वे अपनी टीम में गेंदबाज़ चुनते हैं और पहले बल्लेबाज़ी या पहले गेंदबाज़ी का फैसला करते हैं। 1959–60 में भारतीय टीम की चयन-समिति के चेयरमैन लाला अमरनाथ ने अपने क्रिकेट अनुभव के आधार पर यह महसूस कर लिया था कि आस्ट्रेलिया के विरुद्ध ग्रीन पार्क; कानपुर की पिच ऑफ स्पिनर को मदद देगी। उन्होंने इस विकेट के लिए खासतौर पर जस्सू पटेल को भारत की टीम में शामिल किया। नतीजा यह रहा कि पटेल ने एक पारी में 9 विकेट लेने का रिकॉर्ड भी बनाया और भारत ने टेस्ट मैच भी जीता। इस तरह के फैसले लेना इस बात पर निर्भर करता है कि कप्तान को पिच का मिजाज़ पढ़ने की कितनी समझ है।

क्षेत्र-रक्षण सजाना

विपक्षी टीम की बल्लेबाज़ी के लिए सही क्षेत्र-रक्षण सजाना अच्छी कप्तानी की पहचान है। क्षेत्र-रक्षण सजाते हुए कप्तान को यह ध्यान रखना होता है कि उसका कौन-सा गेंदबाज़ किस तरह की गेंद फेंक रहा है। अगर एक खास गेंदबाज़ की गेंद पर ऑफ पर स्ट्रोक लगाना बड़ा मुश्किल है तो क्षेत्र-रक्षकों को उसी तरफ ज़्यादा लगाया जाना चाहिए जिस तरफ स्ट्रोक लगने के आसार हैं। इसी तरह बल्लेबाज़ के खेल को भी ध्यान में रखना होता है। उदाहरण के तौर पर अगर कोई बल्लेबाज़ शार्ट पिच गेंद पर हुक शाट लगाने के लिए मशहूर है तो कप्तान को चाहिए कि वह हुक शाट पर कैच लपकने की स्थिति में क्षेत्र-रक्षक तैनात करे। अगर गेंदबाज़ ने बल्लेबाज़ को हुक शाट लगाने के लिए मजबूर किया लेकिन वहां कोई क्षेत्र-रक्षक मौजूद नहीं है तो गेंदबाज़ की सारी मेहनत पर पानी फिर जाएगा।

क्षेत्र-रक्षण सजाने के लिए कप्तान और गेंदबाज़ के बीच सहयोग एवं आपसी सूझ-बूझ बहुत ज़रूरी है। कप्तान अगर गेंदबाज़ के सहयोग के बिना क्षेत्र-रक्षण सजाएगा तो उसका कोई फायदा नहीं होगा। बल्लेबाज़ किस तरफ स्ट्रोक लगाएगा यह बहुत कुछ इस बात पर निर्भर करता है कि गेंद किस तरह की फेंकी जा रही है।

कई कप्तान बल्लेबाज़ के खेल को देखकर किसी खास जगह पर पारी के बीच में एक क्षेत्र-रक्षक को खड़ा करते हैं। यह देखा गया है कि अगली ही गेंद पर उस क्षेत्र-रक्षक के पास सीधा हाथ में कैच आ जाता है।

कप्तान को क्षेत्र-रक्षण सजाने में बहुत ज़्यादा समय बर्बाद नहीं करना चाहिए। हर गेंद पर क्षेत्र-रक्षण बदलने से भी कोई फायदा नहीं है। अगर हर गेंद के बाद क्षेत्र-रक्षक मैदान में इधर से उधर भागते रहेंगे तो इससे खेल की गति ही धीमी होगी जो बाद में धीमी ओवर गति के लिए जिम्मदार होगी। इस तरह से खराब हुआ समय टीम से जीतने को मौका भी छीन सकता है। अगर क्षेत्र-रक्षण के बारे में पहले से व्यूह-रचना बना ली जाए तो टीम के खिलाड़ी, हर गेंदबाज़ और हर बल्लेबाज़ के हिसाब से अपने आप समझ जाएंगे कि उन्हें कहां खड़ा होना है। फिजूल में क्षेत्र-रक्षकों को हिलाना कतई फायदेमंद साबित नहीं होता। 1987-88 में पाकिस्तान और इंग्लैण्ड के बीच फैसलाबाद टेस्ट में माइक गैटिंग–शकूर राणा झगड़ा गेंदबाज़ के गेंद फेंकने के लिए अपना रन-अप शुरू करने के बाद एक क्षेत्र-रक्षक के अपनी स्थिति बदलने के लिए हिलने से ही शुरू हुआ था। इस तरह की मुश्किलों से बचा जा सकता है।

बल्लेबाज़ी का क्रम तय करना

वैसे तो मैच शुरू होने से पहले यह लगभग तय होता है कि बल्लेबाज़ टीम के लिए

किस क्रम पर बल्लेबाज़ी करेंगे। ऐसा खिलाड़ी की योग्यता और टीम के लिए उसकी उपयोगिता को देखकर तय किया जा सकता है। यह बात कितनी महत्त्वपूर्ण है, इसका अंदाज़ा सिर्फ इस बात से लग जाता है कि यह ज़रूरी नहीं कि हर अच्छा बल्लेबाज़ सलामी बल्लेबाज़ बन सके या अच्छा सलामी बल्लेबाज़ मध्यम क्रम में भी उतनी ही अच्छी बल्लेबाज़ी करेगा। अगर सलामी बल्लेबाज़ फिट न हो तो उसकी जगह पारी की शुरुआत कौन करेगा इसका फैसला कप्तान पर निर्भर करता है और यहीं कप्तान की समझ की परीक्षा होती है।

भारत ने 1993-94 की न्यूज़ीलैण्ड-यात्रा के दौरान एक सीमित ओवर मैच के लिए नवजोत सिद्धू की गैर मौजूदगी में सचिन तेंदुलकर को प्रयोग के तौर पर सलामी बल्लेबाज़ बनाया। यह प्रयोग ऐसा सफल साबित हुआ कि उसके बाद से अब तक सचिन तेंदुलकर ही एक दिवसीय मैचों में भारतीय पारी की शुरुआत कर रहा है। सचिन ने जो सफलता सलामी बल्लेबाज़ के रूप में पाई है वह एक दिवसीय मैचों में उसे मध्य क्रम के बल्लेबाज़ के रूप में नहीं मिली थी। सचिन ने सलामी बल्लेबाज़ बनने से पहले एक दिवसीय क्रिकेट में एक भी शतक नहीं बनाया था लेकिन सलामी बल्लेबाज़ बनने के बाद लगभग एक साल में उसने 4 शतक बना लिए।

कप्तान का बल्लेबाज़ी के क्रम में परिवर्तन का फैसला कितनी महत्त्वपूर्ण भूमिका निभा सकता है इसका एक उदाहरण 1979 का भारत और इंग्लैण्ड के बीच ओवल टेस्ट है। सुनील गावस्कर की 221 रन की पारी के कारण भारत इस टेस्ट को जीतने की स्थिति में पहुंच गया था। उसके बाद अचानक ही विकेट गिरने शुरू हुए। भारत के कप्तान वेंकटराघवन ने तब अचानक ही बल्लेबाज़ी के क्रम में परिवर्तन किया और टीम में विश्वनाथ जैसे भरोसे के बल्लेबाज़ की मौजूदगी के बावजूद अनिश्चित बल्लेबाज़ी करनेवाले कपिल देव को बल्लेबाज़ी के लिए भेज दिया। नया बल्लेबाज़ असफल रहा और इस एक अतिरिक्त विकेट गिरने के दबाव ने भारतीय टीम का मनोबल तोड़ दिया। नतीजा यह रहा कि भारत आखिर में टेस्ट बचाने के लिए जूझ रहा था।

व्यवहार

कप्तान के बल्लेबाज़ों और गेंदबाज़ों के साथ व्यवहार की चर्चा हम ऊपर कर चुके हैं। आजकल आई.सी.सी. का ध्यान पूरी तरह से मैच के दौरान अनुशासन बनाए रखने पर है। इसलिए कप्तान की ज़िम्मेदारी है कि वह मैच के दौरान अनुशासन बनाए रखे क्योंकि अनुशासनहीनता के आरोप में टीम पर नकद जुर्माना लग सकता है। कप्तान को यह भी देखना है कि टीम का कोई भी गेंदबाज़ ऐसी खतरनाक गेंदबाज़ी न करे जिसकी क्रिकेट के नियम इजाज़त नहीं देते। उदाहरण के तौर पर इस समय एक ओवर में दो बाउंसर का नियम है। अगर गेंदबाज़ इससे ज़्यादा बाउंसर फेंकेगा तो बल्लेबाज़ी करनेवाली टीम को फिजूल में ही नो बाल के जरिए रन मिलते रहेंगे। इतना ही नहीं, खतरनाक गेंदबाज़ी होने पर अंपायर उस खास गेंदबाज़ को चेतावनी देने के बाद उसे पारी में आगे गेंदबाज़ी करने से भी रोक सकते हैं। इस तरह से कप्तान अपने एक महत्त्वपूर्ण गेंदबाज़ को खो बैठेगा।

कप्तान मैच में चाहे जीते या हारे, उसका व्यवहार अच्छा ही रहना चाहिए। क्रिकेट इतिहास में कई ऐसे कप्तान हुए हैं जिन्होंने मैदान में विपक्षी खिलाड़ियों की भी उनके अच्छे खेल की तारीफ़ की। अगर विपक्षी टीम का कोई बल्लेबाज़ शतक बनाता है तो अच्छे कप्तान हमेशा यह

देखते हैं कि तालियां बजाकर उस बल्लेबाज़ के प्रयास की तारीफ़ की जाए। कप्तान खेल-भावना दिखाकर अपने लिए बड़ी तारीफ़ हासिल करते हैं। क्रिकेट का खेल अभी भी मर्यादाओं का खेल है और यह कप्तान पर ही निर्भर करता है कि वह क्रिकेट की मर्यादाओं का कितना पालन करता है।

1979-80 में भारत और इंग्लैण्ड के बीच बंबई में जुबली टेस्ट में भारत के कप्तान गुंडप्पा विश्वनाथ ने अंपायर द्वारा इंग्लैण्ड के बाब टेलर को आउट दिए जाने के बावजूद उसे बल्लेबाज़ी के लिए वापस बुला लिया था क्योंकि विश्वनाथ ने खुद ही यह महसूस किया था कि कैच सही नहीं लपका गया था। विश्वनाथ का यह फैसला भारतीय टीम के लिए बड़ा महंगा साबित हुआ। टेलर ने साझेदारी में 171 रन जोड़े और इस शतकीय साझेदारी की बदौलत आखिर में इंग्लैण्ड ने टेस्ट जीता। विश्वनाथ अपनी कप्तानी में टेस्ट मैच हार गया लेकिन उसने खेल भावना की अनोखी मिसाल कायम की।

कई कप्तान ऐसे होते हैं जो विपक्षी टीम की जीत के बाद विपक्षी टीम को बधाई देने के लिए विपक्षी टीम के ड्रैसिंग रूम में भी जाते हैं। ऐसा बड़ा दिल रखनेवाले कप्तान विपक्षी खिलाड़ियों से भी पूरा सम्मान पाते हैं।

अभ्यास और फिटनेस

अच्छी फिटनेस और अच्छे अभ्यास के बिना क्रिकेट के मैदान में सफलता के बारे में सोचा भी नहीं जा सकता। पिछले कुछ सालों से इतनी ज़्यादा क्रिकेट खेली जा रही है कि जिस खिलाड़ी ने अपनी फिटनेस को ज़रा-सा भी नज़रअदांज़ किया, उसे फिर फिट होने का मौका ही नहीं मिलता। खराब फिटनेस का मतलब है टीम से बाहर हो जाना और टीम से बाहर होने का मतलब है अपना स्थान वापस हासिल करने के लिए फिर से जूझना। एक दिवसीय मैचों ने तो खिलाड़ी की फिटनेस को बहुत ज़रूरी बना दिया है।

जब क्रिकेट सत्र खत्म होता है तो खिलाड़ियों को मैचों से कुछ राहत मिलती है। इसी राहत में वे अपनी फिटनेस को नज़रअदांज़ कर देते हैं और अकसर ही यह देखा गया कि नया क्रिकेट-सत्र शुरू होने के समय क्रिकेट खिलाड़ियों का वज़न पहले से ज़्यादा होता है और वे मोटे नज़र आते हैं। इसीलिए क्रिकेट-सत्र या शृंखला की शुरुआत पर कंडीशनिंग कैंप लगाने की परंपरा शुरू हुई।

क्रिकेट खिलाड़ियों को आमतौर पर वही एक्सरसाइज़ करनी चाहिए जो हाथ-पैर खोलने और शरीर की फुर्ती के लिए ज़रूरी है। क्रिकेट को देखते हुए कुछ खास एक्सरसाइज़ भी हैं जिन्हें कराने के लिए टीम के साथ विशेषज्ञ लोग जोड़े जाते हैं। कंधों की मज़बूती और टांगों की मज़बूती हर क्रिकेट खिलाड़ी के लिए सबसे ज़रूरी है। बल्लेबाज़ी, गेंदबाज़ी या क्षेत्र-रक्षण— मज़बूत कंधों के बिना कतई अच्छे नहीं होंगे।

क्रिकेट खिलाड़ी में अच्छा स्टेमिना होना बहुत ज़रूरी है। यह स्टेमिना भागने से या रस्सी कूदने से या 10-20 मिनट तक हर रोज़ साइकिल चलाने से हासिल किया जा सकता है। अगर नहीं होगा तो बल्लेबाज़ लंबी पारी नहीं खेल सकता, गेंदबाज़ ज़्यादा ओवर नहीं फेंक सकता और क्षेत्र-रक्षक ज़्यादा समय तक क्षेत्र-रक्षण नहीं कर सकता।

कुछ खिलाड़ियों को थोड़े-थोड़े महीनों बाद चोट लगती रहती है। उदाहरण के तौर पर भारत का नवजोत सिद्धू चोटिल होने के लिए बड़ा मशहूर है। इसी तरह से इंग्लैण्ड में एलक स्टीवर्ट भी अकसर चोटिल होता रहता है। तेज़ गेंदबाज़ चोटिल होने में सबसे आगे हैं। इसके उलट कपिल देव ने 100 से ज़्यादा टैस्ट मैच खेले लेकिन कपिल देव एक भी टैस्ट में अपनी खराब फिटनेस की वजह से टीम से बाहर नहीं हुआ।

अगर फिट रहने के लिए एक्सरसाइज़ ज़रूरी है तो यह भी ज़रूरी है कि आप जिन कपड़ों और अन्य सामान के साथ क्रिकेट खेल रहे हैं वे ठीक हों। अगर खिलाड़ी की पतलून ढीली है तो वह अपनी पतलून संभालेगा या क्रिकेट खेलेगा? अगर विकेटकीपर के ग्लव्स हथेली से फटे हुए हैं तो फिर वह किस आत्मविश्वास के साथ विकेटकीपिंग करेगा?

हर क्रिकेट खिलाड़ी के जूते ऐसे होने चाहिएं जिनमें वह स्वयं को आरामदायक महसूस करे और जो तेज़ी से भागने में मदद करें। अगर जूते कहीं से भी पैर पर लग रहे हैं तो वे खिलाड़ी को अच्छा खेलने नहीं देंगे। इसी तरह से पैड ऐसे होने चाहिएं जो आपकी टांगों पर ठीक फिट

हों। अगर पैड बड़े होंगे या छोटे होंगे तो वे आपको ठीक तरह से भागने नहीं देंगे। हेलमेट हर तरह की सुरक्षा देता है लेकिन हेलमेट के आगे चेहरे पर जाली लगा होना बहुत ज़रूरी है। 1995 में इंग्लैण्ड और वेस्टइण्डीज़ के बीच श्रृंखला के दौरान इंग्लैण्ड के बल्लेबाज़ रोबिन स्मिथ ने हेलमेट तो पहना हुआ था लेकिन हेलमेट के आगे जाली नहीं थी। इसीलिए उसे हेलमेट पूरी सुरक्षा नहीं दे पाया और गेंद उसके चेहरे पर जा लगी। हेलमेट इतना ढीला भी नहीं होना चाहिए कि बल्लेबाज़ के जरा सा-झुकने के साथ वह गिर पड़े। इसके अतिरिक्त और भी कई सुरक्षा उपकरण हैं जो ठीक साइज़ के होंगे तो तभी अपनी भूमिका को ठीक तरह से निभाएंगे।

नेट प्रैक्टिस

क्रिकेट खिलाड़ी के लिए नेट प्रैक्टिस बहुत ज़रूरी है। अच्छे बल्लेबाज़ और गेंदबाज़ अपने क्रिकेट जीवन के बीच में अपनी बल्लेबाज़ी के अंदाज़ या गेंदबाज़ी के अंदाज़ में ऐसी ग़लती करने लगते हैं जिससे उनके खेल पर असर पड़ता है और उनका पूरा प्रदर्शन ही खराब हो जाता है। ऐसे खिलाड़ी अगर नेट प्रैक्टिस के महत्त्व को समझें तो वे इस ग़लती को दूर कर सकते हैं और फिर से अच्छा खेल खेल सकते हैं। मोहिंदर अमरनाथ जैसे खिलाड़ी ऑफ सीज़न में हर रोज 5-6 घण्टे तक नेट प्रैक्टिस करते थे। इसके विपरीत सुनील गावस्कर जैसे बल्लेबाज़ ने कभी नेट प्रैक्टिस को ज़्यादा महत्त्व नहीं दिया लेकिन यहां यह ध्यान रखना ज़रूरी है कि हर खिलाड़ी सुनील गावस्कर नहीं होता और हर खिलाड़ी में सुनील गावस्कर जैसी एकाग्रता नहीं होती।

नेट प्रैक्टिस और एक्सरसाइज़ कितनी हो, इस बारे में क्रिकेट में कोई नियम नहीं है। यह टीम के मैनेजर और खिलाड़ियों पर खुद निर्भर करता है कि वे कितनी एक्सरसाइज़ करते हैं। जब बिशन सिंह बेदी को भारतीय क्रिकेट का मैनेजर बनाया गया तो उस समय के खिलाड़ियों का कहना था कि बिशन सिंह बेदी ज़रूरत से ज़्यादा फिज़िकल एक्सरसाइज़ कराते हैं और इससे ही खिलाड़ी बुरी तरह थक जाता है। बिशन सिंह बेदी से क्रिकेट खिलाड़ियों को यही सबसे बड़ी शिकायत थी। अजीत वाडेकर क्रिकेट मैनेजर बने तो उनके आने से खिलाड़ियों की यह शिकायत दूर हो गई।

बल्लेबाज़ी का अभ्यास

खिलाड़ी नेट प्रैक्टिस के दौरान तरह-तरह के शाट लगाने की कोशिश कर सकता है। नेट प्रैक्टिस का मतलब यह नहीं है कि आप उस दौरान धुआंधार बल्लेबाज़ी की कोशिश करें। नेट प्रैक्टिस का मतलब है कि आप हर तरह का शाट लगाने का आत्मविश्वास हासिल करें और सबसे बड़ी बात यह है कि आप हर शाट को सही टाइमिंग के साथ खेलें।

अगर आप बल्लेबाज़ी का अच्छा अभ्यास करना चाहते हैं तो इसके लिए ज़रूरी है कि आप नेट प्रैक्टिस के दौरान हर तरह की गेंद खेलें। अगर आपकी टीम के सभी गेंदबाज़ नेट प्रैक्टिस के दौरान आपके लिए गेंदबाज़ी करते हैं तो आपको अच्छा अभ्यास मिल सकता है।

गेंदबाज़ी का अभ्यास

गेंदबाज़ नेट प्रैक्टिस के दौरान अपनी गेंद की लाइन, लैंथ और दिशा पर मेहनत कर सकते हैं। गेंदबाज़ को नेट प्रैक्टिस के दौरान मैच के दौरान प्रयोग होनेवाली गेंद के बारे में पता लग जाएगा कि वह कितना बाउंस लेती है और गेंद के ऊपर जो सिलाई है वह गेंदबाज़ी

को किस तरह से प्रभावित कर रही है। गेंदबाज़ अभ्यास के दौरान ऐसी गेंद फेंकने की भी कोशिश कर सकता है जिसका प्रयोग वह मैच के दौरान नहीं करता। नेट प्रैक्टिस के दौरान अगर गेंद का नतीज़ा अच्छा रहता है तो फिर उसे मैच के दौरान फेंका जा सकता है।

सही तरह से सुसज्जित होना

बल्लेबाज़ी और गेंदबाज़ी के साथ ही हम क्रिकेट के लिए ज़रूरी उपकरणों की बात कर सकते हैं।

सबसे पहले बैट की बात करते हैं। अगर बल्लेबाज़ के हाथ में सही बैट नहीं है तो वह किसी हालत में अच्छी बल्लेबाज़ी नहीं कर सकता है। बैट अच्छी लकड़ी का बना होना चाहिए और बैट के लिए जो लकड़ी प्रयोग की गई अगर उसके अंदर कोई ग्रेन है तो वह पूरे बैट में लगभग बराबर चौड़ाई का और सीधी लाइन में होना चाहिए। बल्लेबाज़ की अपनी लंबाई कितनी है उसे देखते हुए ही बैट चुनना चाहिए। बड़े आकारवाले बल्लेबाज़ भारी बैट प्रयोग कर सकते हैं क्योंकि उस बैट को शाट लगाने के लिए प्रयोग करने में उनका शरीर उन्हें मदद देगा। स्ट्रोक प्लेयर हलके बैट से खेलते हैं। ये सिर्फ़ विशेषज्ञों के सुझाव हैं। कई छोटे कद के बल्लेबाज़ भारी बैट प्रयोग करते हैं। इसीलिए सीधी-सी बात यह है कि जिस बैट के साथ आपको खेलना अच्छा लगता है वह बैट आपके लिए बिलकुल सही है।

बैट खरीदने के बाद बैट का सही रख-रखाव भी बहुत ज़रूरी है। जिस बैट पर कोई कवर होता है उस पर तेल लगाने की ज़रूरत नहीं होती। अगर किसी बैट पर आप ज़रूरत से ज़्यादा तेल लगाएंगे तो वह फिज़ूल में ही भारी होता चला जाएगा। यह ग़लतफहमी ही है कि बैट जितना ज़्यादा तेल पीएगा वह उतने अच्छे और तेज़ शाट लगायेगा। इस बात को साफ समझ लीजिए कि बैट के तेल का अच्छे शाट से कोई नाता नहीं है। बैट पर तेल सिर्फ़ बैट को सूखने से बचाने के लिए लगाया जाता है। तेल से लकड़ी सूखती नहीं है और इससे बार-बार उस पर गेंद लगने से उसके दो टुकड़े हो जाने की आशंका नहीं रहती है। अगर बैट पर तेल लगाया है तो बैट को तभी इस्तेमाल करना चाहिए जब तेल अच्छी तरह उसके अंदर चला गया हो। अगर नेट प्रैक्टिस के दौरान गेंदबाज़ पुरानी गेंद का प्रयोग कर रहे हैं तो आप बिलकुल नए बैट का प्रयोग कर सकते हैं क्योंकि इससे बैट पर हलका आघात लगेगा।

बैट को थोड़े-थोड़े समय के बाद साफ करते रहना चाहिए। उसे हर एक-दो महीने के बाद रेगमार से घिस देना चाहिए ताकि ऊपर की गंदगी साफ हो जाए। इसके बाद उस पर थोड़ा-सा तेल लगाएंगे तो वह फिर पहले जैसा हो जाएगा। गीले मौसम के दौरान कोशिश करनी चाहिए कि बैट पर नमी न रहे। खासतौर पर बैट के नीचे का हिस्सा सूखा रहे। अगर बैट गीला हो गया है तो रातभर उस पर टायलट पेपर लपेटकर उसे सूखने दीजिए। अगर बैट के नीचे का हिस्सा गीला होगा तो वह नमी से फूल जाएगा। जब बैट सूख जाए तो तब उस पर हलका-सा तेल लगा दीजिए।

ऊंचे दर्जे की क्रिकेट में बांए हाथ के बल्लेबाज़ों और दाएं हाथ के बल्लेबाज़ों के बैट भी अलग होते हैं। हां, जब क्रिकेट का खेल खेलना शुरू कर रहे हों तब इससे ज़्यादा फ़र्क़ नहीं पड़ता है। इतना ज़रूर ध्यान रखिए कि अगर आपका बैट खराब हो गया है या कहीं से टूट गया है तो उससे मत खेलिए। खराब बैट से खेलने से आपके खेलने का तरीका खराब होगा। थोड़े दिन बाद बैट तो नया आ जाएगा लेकिन खेलने का जो तरीका खराब हो चुका है वह

बड़ी मेहनत से सही होगा और बड़ा नुकसानदायक साबित होगा।

पैड ऐसे होने चाहिए जो हलके हों और साथ ही पूरी सुरक्षा दें। वे आपके भागने में अड़चन न पैदा करें। पैड कितना लंबा हो ? यह जानने का सबसे अच्छा तरीका यह है कि जब आप टांग को मोड़ें तो आपका घुटना पैड में नी रोल के बिलकुल बीच में आना चाहिए। समय-समय पर पैड को साफ करना ज़रूरी है। आजकल तो प्लास्टिक के पैड चल पड़े हैं जो पानी से ही साफ हो जाते हैं।

बल्लेबाज़ के ग्लव्स उसके हाथों को सुरक्षा देते हैं। अगर ग्लव्स अच्छे नहीं होंगे तो कोई भी गेंद उंगलियों को तोड़ देगी। ग्लव्स इतने कड़े भी नहीं होने चाहिए कि वे हाथों को अच्छी तरह से मुड़ने की आज़ादी न दें। ग्लव्स के अंदर ऐसा कपड़ा नहीं लगा होना चाहिए जो अंदर गर्मी पैदा करे और पसीना आए। ग्लव्स के अंदर तो ऐसा कपड़ा लगना चाहिए जो पसीने को सोख ले।

बल्लेबाज़ के ग्लव्स के मुकाबले में विकेटकीपर के ग्लव्स मोटे और मज़बूत होते हैं। जहां बल्लेबाज़ के ग्लव्स में हथेली पर पतला कपड़ा लगता है वहीं विकेटकीपर के ग्लव्स में हथेलियों के अंदरूनी हिस्से को सबसे ज़्यादा सुरक्षा की ज़रूरत होती है इसलिए मोटा और मज़बूत कपड़ा लगाया जाता है।

जूतों को अकसर ही खिलाड़ी नज़रअंदाज़ करते हैं । सिर्फ ऊंचे दर्जे की क्रिकेट में खेलने वाले सही जूते पहनकर खेलते हैं। खराब जूते आपके खेल को खराब करेंगे। सभी गेंदबाज़ों को स्पाइक्सवाले जूते पहनने चाहिएं। तेज़ गेंदबाज़ों को ऐसे मज़बूत जूतों की ज़रूरत है जिनमें पंजा ऊंचा रहता है और मदद के लिए एड़ी के नीचे ऊंचा आधार दिया जाता है। धीमे गेंदबाज़ इतने ऊंचे उठे हुए जूते न भी पहनें तो भी चलेगा। अगर मैदान सूखा हुआ है तो बल्लेबाज़ और क्षेत्र-रक्षक ऐसे सोल वाले जूते पहन सकते हैं जिन पर रबर के स्टड लगे हैं। ऐसे जूते पहनना कतई ठीक नहीं है जिनका सोल बिलकुल समतल है। इसी तरह से एड़ी पर अगर पंजों पर सोल मुलायम है तो आपको चोट लगने का खतरा है। दाएं हाथ के बल्लेबाज़ के बाएं पैर का पंजा तो सबसे आगे रहता है। अगर उस पर गेंद लग गई तो पूरी पारी के दौरान दर्द खत्म नहीं होगा। हर मैच के बाद अपने जूतों की जांच कीजिए। कहीं स्टड हट तो नहीं गए या ढीले तो नहीं हो गए।

बल्लेबाज़, विकेटकीपर और विकेट के नज़दीक क्षेत्र-रक्षण करनेवाले को एबडामिनल प्रोटेक्टर, जिसे आमतौर पर बाक्स कहा जाता है, ज़रूर पहनना चाहिए। यह सुरक्षा के लिए बहुत ज़रूरी है। हेलमेट के बारे में हम ऊपर चर्चा कर चुके हैं। पतलून और शर्ट खिलाड़ी अपनी पसंद से पहन सकता है—बस इतना ध्यान रखना ज़रूरी है कि एक तो खिलाड़ी उनमें आरामदायक महसूस करे और दूसरा इनका कपड़ा उसे परेशान न करे।

अपनी योग्यता पर भरोसा

क्रिकेट का खेल बैट और गेंद का खेल तो है ही लेकिन क्रिकेट के खेल में दिमाग का प्रयोग बहुत ज़रूरी है। कोई भी बल्लेबाज़ तभी शानदार सफलता पा सकता है जबकि वह विपक्षी टीम की गेंदबाज़ी और क्षेत्ररक्षण को अच्छी तरह से समझ लेगा। इसी तरह से अगर गेंदबाज़ सामने के बल्लेबाज़ के खेल को और विकेट को समझने में असफल है तो वह विपक्षी टीम को रन बनाने से नहीं रोक सकता। गेंदबाज़ नए बल्लेबाज़ को मानसिक तौर पर हताश करना चाहते हैं। इसी तरह से बल्लेबाज़ यह चाहता है कि वह पारी के शुरू में ही गेंदबाज़ पर इस तरह से हावी हो जाए कि गेंदबाज़ का मनोबल गिर जाए। दोनों टीमों के कप्तान अपने-अपने खिलाड़ियों और विपक्षी टीम के खिलाड़ियों की योग्यता और मनोविज्ञान को अच्छी तरह से समझेंगे तभी वे मैच में जीत की उम्मीद कर सकते हैं।

क्रिकेट के खेल में ज़बरदस्ती की कोई जगह नहीं है। जो बल्लेबाज़ बनना चाहता है उसे ज़बरदस्ती गेंदबाज़ बनाने की कोई ज़रूरत नहीं है। जो गेंदबाज़ बनना चाहता है उसका मानसिक नज़रिया अगर उस तरह का है तो इसे बदलने की कोई ज़रूरत नहीं है। कुछ बल्लेबाज़ किसी खास गेंदबाज़ को खेलते हुए अपने दिमाग़ में पहले से यह तैयारी कर आते हैं कि वे उसे कैसे खेलेंगे। बल्लेबाज़ अगर अपनी पूरी पारी के दौरान अपने दिमाग़ में तनाव रखेगा तो वह कतई लंबी पारी नहीं खेल सकता। वेस्टइण्डीज़ के भूतपूर्व कप्तान विव रिचर्डस का कहना है कि जब गेंदबाज़ गेंद फेंकने के लिए अपने मार्क की ओर जा रहा होता था तो वे उस समय मैदान की घास को देखने लगते थे। इससे उन्हें दिमाग़ी आराम मिलता था। इसके कुछ ही क्षण बाद जब वे गेंदबाज़ की गेंद का इंतज़ार करते थे तो उनकी एकाग्रता ऐसी ज़बरदस्त होती थी कि मैदान में दर्शकों का शोर तो क्या, पास खड़े हुए क्षेत्र-रक्षकों की बातचीत भी उन्हें सुनाई नहीं देती थी।

ज़रूरत से ज़्यादा आत्म-विश्वास भी घातक साबित होता है। इसका एक बेमिसाल उदाहरण 1983 के विश्व कप का फाइनल मैच है। भारत की टीम ने वेस्टइण्डीज़ को जीत के लिए सिर्फ़ 184 रन बनाने की चुनौती दी थी। इस कम लक्ष्य के सामने वेस्टइण्डीज़ के बल्लेबाज़ ज़रूरत से ज़्यादा आत्म-विश्वास के साथ खेले और अपना विकेट गंवाते चले गए। विशषेज्ञों ने इस बात को माना कि अगर वेस्टइण्डीज़ को 250 रन बनाने की चुनौती मिली होती तो वेस्टइण्डीज़ की टीम बड़ी आसानी से जीत गई होती। इस हार ने बंहरहाल वेस्टइण्डीज़ की प्रतिष्ठा को बड़ा ज़ोरदार धक्का पहुंचाया। वेस्टइण्डीज़वाले इसके बाद जीत के लिए भूखों की तरह से खेले। 1983-84 में भारत-यात्रा के दौरान उन्होंने भारत को बुरी तरह से हराया और उसके बाद इंग्लैण्ड को इंग्लैण्ड में ही श्रृंखला के सभी 5 टेस्ट मैचों में हराया।

स्पिनर अन्य सभी गेंदबाज़ों के मुक़ाबले में दिमाग़ का सबसे ज़्यादा इस्तेमाल करते हैं क्योंकि अपनी धीमी रफ़्तार के कारण वे बल्लेबाज़ को पढ़ने की सबसे अच्छी स्थिति में होते हैं। गेंदबाज़ इसके बाद हर गेंद की लाइन और फ्लाइट को बदलता रहता है और बल्लेबाज़

को बीट करने की कोशिश करता रहता है। बल्लेबाज़ को एक खराब शाट लगाने के बाद अपना मानसिक संतुलन खराब नहीं करना चाहिए। अच्छे बल्लेबाज़ तनाव कम करने के लिए तथा उत्साह पाने के लिए दूसरे सिरे के बल्लेबाज़ से बातचीत करते हैं। कई बल्लेबाज़ विपक्षी टीम के खिलाड़ियों से बात करने लगते हैं। अगर एक विकेट गिर जाए तो नए आने वाले बल्लेबाज़ को पहले से ही यह कहकर नहीं डराना चाहिए कि गेंदबाज़ बड़ी खतरनाक गेंद फेंक रहा है। विकेट पर मौजूद बल्लेबाज़ को उसका हौसला बढ़ाते हुए यह कहना चाहिए ''मैं गेंदबाज़ी का सामना करता हूं तब तक तुम गेंदबाज़ी को अच्छी तरह से देखकर आगे के मुक़ाबले की तैयारी करो।''

हर खिलाड़ी का खेलने का तरीका अलग है और हर खिलाड़ी के लिए मैच का तनाव अलग है। कुछ क्रिकेट विशेषज्ञ मैच शुरू होने से पहले की रात को खिलाड़ी के लिए पूरे आराम की रात मानते हैं ताकि अगले दिन वह पूरी तरह चुस्त एवं फिट होकर खेले। सर गैरी सोबर्स जैसे महान खिलाड़ी इस नियम से कभी सहमत नहीं हुए। गैरी सोबर्स को देर रात तक पार्टी में रहने या शराब पीने में मज़ा आता था। इसके बावजूद वे अगले दिन सबसे फिट खिलाड़ी नज़र आते थे।

एकदिवसीय क्रिकेट के नियम

जब एम.सी.सी. को क्रिकेट के नियम बनाने की ज़िम्मेदारी सौंपी गई थी तो इसके पीछे सबसे बड़ा लक्ष्य यही था कि सभी क्रिकेट खेलनेवाले देशों में ये नियम लागू हों और नियमों में एकरूपता हो। एकदिवसीय अंतर्राष्ट्रीय क्रिकेट का आयोजन 1971 में आस्ट्रेलिया में शुरू हुआ। तब से अब तक 1000 से ज़्यादा एकदिवसीय अंतर्राष्ट्रीय मैच खेले जा चुके हैं। हर देश में एकदिवसीय क्रिकेट के घरेलू टूर्नामेंट का आयोजन होता है। इसके बावजूद एकदिवसीय क्रिकेट के लिए नियमों में एकरूपता नहीं है। मूल नियम तो वही हैं, जो टेस्ट क्रिकेट के लिए हैं लेकिन एकदिवसीय क्रिकेट के लिए कुछ नियमों को बदला गया है। जब भी कोई टूर्नामेंट होता है या एकदिवसीय मैचों की किसी श्रृंखला का आयोजन होता है तो मैचों से पहले प्लेइंग कंडीशंस तय होती हैं और हर टूर्नामेंट एवं हर श्रृंखला के लिए इनमें कुछ न कुछ अलग रहता है।

यहां मैं एक बार फिर से दोहरा रहा हूं कि एकदिवसीय मैचों में भी क्रिकेट के नियम वही हैं जो टेस्ट क्रिकेट पर लागू होते हैं और जिन्हें हम इस किताब में पहले पढ़ चुके हैं। एकदिवसीय क्रिकेट के नियमों की जानकारी देने के लिए यहां 1995 में शारजाह में खेले गए पेप्सी एशिया कप में लागू हुए नियमों को आधार बनाकर मैं खास नियमों की जानकारी आपको दे रहा हूं। ये नियम एशियन क्रिकेट कॉउंसिल ने बनाए। इस टूर्नामेंट में भारत, पाकिस्तान, श्रीलंका और बंगलादेश ने हिस्सा लिया था।

मैच का समय और इंटरवल

अगर मैच 50 ओवर प्रति पारी का है तो एक पारी के लिए साढ़े तीन घण्टे (210 मिनट) होंगे। लंच का समय 45 मिनट होगा। अगर किसी कारण से खेल का समय खराब होता है तो अंपायर लंच के समय में कटौती कर सकते हैं।

इंग्लैण्ड में अब यह तय हुआ है कि वहां भी इसी तरह से लंच इंटरवल होगा। अब तक वहां इंटरवल और मैच के समय में वही पंरपरा चलती थी, जो टेस्ट मैच के एक दिन के खेल पर लागू होती है—यानि कि लंच इंटरवल और टी इंटरवल दोनों होते थे।

पारी की अवधि

अगर पहले क्षेत्र-रक्षण करनेवाली टीम निर्धारित समय में पूरे ओवर नहीं फेंकती है तो खेल उस समय तक जारी रहेगा जब तक बल्लेबाज़ी करनेवाली टीम के हिस्से के पूरे ओवर नहीं हो जाते। क्षेत्र-रक्षण करनेवाली टीम को इसकी सजा यह मिलेगी कि उन्हें अपनी बल्लेबाज़ी के दौरान उतने ही ओवर खेलने के लिए मिलेंगे जितने उन्होंने निर्धारित समय में फेंके थे। इस गणना के लिए निर्धारित समय पूरा होने पर जो ओवर अधूरा है उसे पूरा ही गिना जाएगा। हां,

अगर रेफरी की नज़र में धीमी ओवर गति के लिए क्षेत्र-रक्षण करनेवाली टीम ज़िम्मेदार नहीं है तो वे टीम को इसकी सज़ा नहीं देंगे।

अगर पहले बल्लेबाज़ी करनेवाली टीम अपने 50 ओवर खेलने से पहले ऑउट हो जाती है तो वे चाहें तो 50 ओवर पूरे खेल सकते हैं। अगर किसी कारण से पहले बल्लेबाज़ी करनेवाली टीम की पारी निर्धारित समय के बाद तक चली तो इसका मतलब यह नहीं है कि मैच के समय को देखते हुए दूसरी टीम के ओवर कम कर दिए जाएं।

कई देशों में धीमी ओवर गति के लिए जुर्माना लगाया जाता है। यह बहरहाल टूर्नामेंट के नियमों पर निर्भर है।

ओवर

अगर मैच 6 गेंद वाले 50 ओवर का है तो कोई भी गेंदबाज़ पारी में 10 से ज़्यादा ओवर नहीं फेंकेगा। अगर किसी कारण से ओवरों की संख्या घटाई जाती है तो यह ध्यान में रखना होगा कि कोई भी गेंदबाज़ पारी के कुल ओवरों में से पांचवें हिस्से से ज़्यादा ओवर नहीं फेंकेगा।

वाइड

एकदिवसीय मैचों में वाइड का नियम बड़ा महत्त्वपूर्ण हो जाता है क्योंकि यहां वाइड गेंद का प्रयोग बल्लेबाज़ को रन बनाने से रोकने के लिए भी किया जाता है। इसलिए अगर अंपायर की नज़र में ऑफ साइड या लैग साइड की ऐसी कोई भी गेंद जो बल्लेबाज़ को रन बनाने का सही मौका नहीं देती है, वाइड कहलाएगी। अगर अंपायर यह देखते हैं कि गेंद ने लैग साइड से बाहर टप्पा खाया है और वह बाहर की तरफ़ ही जा रही है तो यह वाइड कहलाएगी। अगर बल्लेबाज़ किसी तरह से भागकर ऐसी गेंद पर बैट लगा देता है तो फिर इसे वाइड नहीं कहा जाएगा।

नो बाल

नो बाल के लिए एम.सी.सी. के कोड का नियम पूरी तरह से लागू होगा। इसके अतिरिक्त अगर अंपायर की नज़र में गेंद ऐसी है जो अपनी क्रीज़ में ठीक तरह से खड़े हुए बल्लेबाज़ के कंधे की ऊंचाई से ज़्यादा ऊपर है तो इस गेंद को नो बाल कहा जाएगा।

जिस नो बाल और वाइड गेंद पर बल्लेबाज़ ने कोई रन नहीं बनाया है वह गेंदबाज़ के विश्लेषण में जुड़ेगी हालांकि इस गेंद को नहीं गिना जाएगा। इसीलिए अगर एक ओवर में नो बाल या वाइड से रन बना है तो बल्लेबाज़ द्वारा उस ओवर में और कोई रन न बनाए जाने के बावजूद वह मेडिन ओवर नहीं कहलाएगा।

सब्स्टीट्यूट

सब्स्टीट्यूट का नियम वही है जो टेस्ट क्रिकेट के लिए है। हां, अगर किसी खिलाड़ी को अपनी शर्ट या जूते बदलने हैं तो उसे मैदान से बाहर जाना होगा। ऐसी स्थिति में जब वह मैदान से बाहर जाएगा तो कोई सब्स्टीट्यूट मैदान में नहीं आएगा।

किसी भी क्षेत्र-रक्षक को गेंदबाज़ के सिरे पर खड़े हुए अंपायर की इजाज़त के बिना मैदान छोड़ने या मैदान में आने की इज़ाजत नहीं है। अगर क्षेत्र-रक्षण करनेवाली टीम का कोई खिलाड़ी मैच शुरू होने के समय मैदान में नहीं आता है या बाद में मैदान से बाहर चला जाता है या किसी इंटरवल के बाद मैदान में नहीं है और इन सभी स्थितियों में उसकी गैरमौजूदगी 15 मिनट से ज़्यादा है तो–

1. उस खिलाड़ी को उसकी वापसी पर उस पारी में उतनी देर तक गेंदबाज़ी करने की इजाज़त नहीं होगी जितनी देर तक वह मैदान से बाहर रहा है या जितने खेल समय के दौरान वह मैदान से बाहर रहा है।

2. उस खिलाड़ी को उसकी टीम की पारी के दौरान उतनी देर तक बल्लेबाज़ी करने की इजाज़त नहीं होगी जितनी देर तक वह मैदान से बाहर रहा है। खिलाड़ी की चोट को देखते हुए अंपायर इस बारे में अंतिम निर्णय लेंगे।

क्षेत्र-रक्षकों की स्थिति

एकदिवसीय मैचों में क्रिकेट में यह बड़ा महत्त्वपूर्ण नियम है।

1. खेल के मैदान में पिच के दोनों सिरों पर दो अर्द्धवृत बनाए जाएंगे। इन दोनों अर्द्धवृतों के लिए मिडिल स्टंप केन्द्र होगा।

   ऐसे हर अर्द्धवृत के लिए व्यास (रेडियस) 30 गज (27.432 मीटर) होगा। दोनों अर्द्धवृत के आखिरी हिस्से एक सीधी रेखा से जोड़े जाएंगे। इस वृत को जोड़नेवाली लाइन को आगे भी लगाया जा सकता है।

2. गेंद फेंकने के समय ऑन साइड पर 5 से ज़्यादा क्षेत्र-रक्षक नहीं हो सकते और पापिंग क्रीज़ के पीछे 2 से ज़्यादा क्षेत्र-रक्षक नहीं हो सकते।

3. पहले 15 ओवर के दौरान गेंद फेंकने के समय सिर्फ़ 2 क्षेत्र-रक्षक इन वृतों और इन्हें जोड़ने वाली लाइनों से बने क्षेत्र से बाहर होंगे। शेष ओवरों के लिए कम से कम 6 क्षेत्र-रक्षक (गेंदबाज़ एवं विकेटकीपर सहित) गेंद फेंकने के समय इस क्षेत्र के अंदर होंगे।

   पहले 15 ओवर में कम से कम दो क्षेत्र-रक्षक ऐसे होंगे जो गेंद फेंकने के समय अपनी जगह पर ही खड़े रहेंगे।

   अगर किसी कारण से मैच में ओवरों की संख्या घटायी गई है तो उसी अनुपात में क्षेत्र-रक्षण के प्रतिबंध के लिए ओवर कम कर दिए जाएंगे।

   दूसरे नंबर पर बल्लेबाज़ी करनेवाली टीम के लिए क्षेत्र-रक्षण के लिए वही स्थितियां लागू होंगी जो पहले बल्लेबाज़ी करनेवाली टीम को मिली हैं।

4. अगर किसी भी समय क्षेत्र-रक्षण के किसी नियम को तोड़ा जाएगा तो अंपायर नो बाल की घोषणा कर देंगे।

5. अगर किसी कारण से खेल देर से शुरू होता है या किसी कारण से पहले बल्लेबाज़ी करने वाली टीम के ओवरों की संख्या कम की जाती है तो क्षेत्र-रक्षण पर नियंत्रण के लिए ओवर इस तरह से गणना में लिए जाएंगे–

अधिकतम ओवर	कितने ओवर में प्रतिबंध
50	15
44-46	14
41-43	13
37-40	12
34-36	11
31-33	10
27-30	9
24-26	8
25	7

पारी समाप्त घोषित

एकदिवसीय क्रिकेट में पारी समाप्त घोषित करने का नियम नहीं है। कोई भी कप्तान अपनी पारी को समाप्त घोषित नहीं कर सकता।

हेलमेट

हेलमेट का जो टेस्ट क्रिकेट में नियम है उसमें निम्न बातें जोड़ी जाएंगी–

1. अगर गेंद बल्लेबाज़ के शाट से उछलकर उसके हेलमेट पर लगती है और फिर कैच लपक लिया जाता है तो वह बल्लेबाज़ आउट होगा। अगर गेंद बल्लेबाज़ या क्षेत्र-रक्षक के हेलमेट से लगकर दूर जाती है तो इस पर रन बन सकते हैं।
2. अगर बल्लेबाज़ ने गेंद को खेला है या गेंद उसके शरीर से लगकर गई है और वह क्षेत्र-रक्षक के हेलमेट से लगकर सीधी स्टंप्स पर आ लगती है तो उस समय दोनों में से कोई भी बल्लेबाज़ अपनी क्रीज़ से बाहर होने के बावजूद आउट नहीं होगा।
3. अगर क्षेत्र-रक्षण करने वाली टीम का कोई खिलाड़ी हेलमेट का प्रयोग नहीं कर रहा है तो इसे विकेटकीपर की लाइन के पीछे मैदान के ऊपर रखा जाएगा। अगर गेंद किसी भी तरह से इस हैलमेट को लगती है तो अंपायर उस गेंद को डैड बाल घोषित कर देंगे और पेनल्टी के 5 रन देंगे।
4 अंपायर हेलमेट नहीं पकड़ेंगे।
5. जो बल्लेबाज़ हेलमेट पहनकर बल्लेबाज़ी के लिए आएंगे उन्हें यह हेलमेट पहनना पड़ेगा। वे सिर्फ किसी इंटरवल के दौरान या ड्रिंक्स के दौरान इस हेलमेट को वापस पैवेलियन भेज सकते हैं। यह इसीलिए ज़रूरी है ताकि हेलमेट वापस भेजने या हेलमेट मंगाने में समय खराब न हो।
6. अंपायरों को चाहिए कि वे किसी भी तरह से हेलमेट की वजह से समय खराब न होने दें।

परिणाम

1. किसी मैच में परिणाम तभी निकलेगा जब दोनों टीमों को कम से कम 25 ओवर खेलने का मौक़ा ज़रूर मिला हो। हां, अगर दूसरे नंबर पर बल्लेबाज़ी करनेवाली टीम 25 ओवर से पहले ही जीत के लिए ज़रूरी रन बना लेती है या आउट हो जाती है तब यह नियम लागू नहीं होगा।

2. अगर मैच 50 ओवर प्रति पारी के हिसाब से खेला गया है और मैच सामान्य तरीके से हुआ है तो ज़्यादा रन बनानेवाली टीम जीतेगी।

अगर दोनों टीमों का स्कोर बराबर है, तो मैच टाई होगा। इस बात को कोई महत्त्व नहीं दिया जाएगा कि दोनों टीमों ने कितने-कितने विकेट खोए हैं या टीमों की रन गति क्या है? वैसे कई ऐसे एकदिवसीय मैच हुए हैं जिनमें कम विकेट खोने के आधार पर या तेज़ रन गति के आधार पर एक टीम को मैच में विजेता घोषित किया गया।

3. जो मैच पूरे नहीं हो पाते या किसी वजह से दूसरे नंबर पर बल्लेबाज़ी करनेवाली टीम को अपने हिस्से के पूरे ओवर खेलने का मौका नहीं मिलता उस स्थिति में मैच का फैसला बड़ा विवादास्पद हो जाता है। आमतौर पर नियम यह है कि दूसरे नंबर पर बल्लेबाज़ी करने वाली टीम के लिए ओवरों की संख्या के हिसाब से लक्ष्य कम कर दिया जाता है। हर देश में ओवरों की संख्या के हिसाब से लक्ष्य कम करने का तरीका भी अलग है। इस नियम में एकरूपता न होने के कारण हर जगह इसे अलग-अलग तरह से लागू किया जा रहा है। 1992 के विश्व कप के दौरान आस्ट्रेलिया द्वारा बनाए गलत नियम की वजह से ही दक्षिण अफ्रीका की टीम विश्व कप के सेमी फाइनल में इंग्लैण्ड से हार गई थी।

विकेट के बीच भागना

बल्लेबाज़ चाहे जितने अच्छे हों और शॉट चाहे जितना अच्छा लगाया गया हो—अगर वे रन लेने के लिए विकेटों के बीच ठीक तरह से नहीं भागेंगे तो उनकी अच्छी बल्लेबाज़ी का कोई फायदा नहीं है। कई बल्लेबाज़ ऐसे हुए हैं जो विकेटों के बीच भागने के मामले में हमेशा कमज़ोर साबित हुए हैं और ऐसे बल्लेबाज खुद तो रन-आउट होते ही हैं वे अच्छे खेल रहे दूसरे बल्लेबाज़ को भी ज़बरदस्ती रन-आउट करा देते हैं। इसलिए विकेटों के बीच अच्छा भागना बहुत ज़रूरी है। जब दो बल्लेबाज़ अपनी साझेदारी के दौरान विकेटों के बीच अच्छा भागकर रन बनाने लगते हैं तो वे विपक्षी गेंदबाज़ का दम तोड़ देते हैं। इनके अच्छा भागने को कभी-कभी रन चुराना भी कह देते हैं।

हालांकि पिच की लंबाई 22 गज़ होती है लेकिन हर रन के लिए बल्लेबाज़ लगभग 17 गज़ ही भागते हैं। इसकी वजह यह है कि स्टंप्स के आगे दोनों बल्लेबाज़ों की क्रीज़ लगभग 4-4 फुट आगे होती है। इसके अतिरिक्त बल्लेबाज़ क्रीज़ को अपने बैट से छूकर पहले ही मुड़ लेता है। हालांकि यह कोई नियम नहीं है लेकिन बल्लेबाज़ अपने अनुभव से यह सीख जाते हैं।

अगर आप गेंदबाज़ के सिरे पर खड़े हुए हैं तो आपको हर गेंद के समय रन लेने के लिए तैयार रहना चाहिए। आपका आगे बढ़ना ऐसा नहीं होना चाहिए जिससे कि गेंदबाज़ की गेंद फेंकने की एकाग्रता खराब हो। आपको रन लेने के लिए इतनी जल्दबाज़ी भी नहीं दिखानी चाहिए कि आप बल्लेबाज़ के गेंद फेंकने के पहले ही बहुत आगे निकल चुके हों और वह गेंद को स्टंप्स पर मारकर आपको आउट करने की अपील करे।

गेंदबाज़ के सिरे पर खड़े हुए आपको यह मान लेना चाहिए कि गेंद को खेल रहा गेंदबाज़ कोई भी स्ट्रोक लगा सकता है और इन्हीं में स्ट्रेट ड्राइव भी है। इस स्ट्रेट ड्राइव पर गेंद गेंदबाज़ के हाथ को छूकर स्टंप्स पर लग सकती है और अगर आप स्टंप्स पर वापस लौटने की फुर्ती नहीं दिखाएंगे तो आप रन-आउट हो जाएंगे। एक रन पूरा करने के बाद दूसरे रन के लिए मुड़ना और फिर से भागना एक कला है। इसमें किसी भी बल्लेबाज़ को अपनी शारीरिक क्षमता फिज़ूल नहीं खर्च करनी चाहिए। अगर आप सामने की क्रीज़ पर पहुंचनेवाले हैं तो पहले से अपनी टांगों को धीमा कर वापस बल्लेबाज़ इस तरह से भागेंगे तो वे उस शॉट पर भी भागकर 4 रन बना लेंगे जिन पर अन्य बल्लेबाज़ 3 रन बनाते हैं।

आपने कई बार देखा होगा कि बल्लेबाज़ रन लेने के लिए भागते हुए स्टंप्स को भी पार कर जाते हैं। ऐसा सिर्फ़ तब कीजिए जब रन आउट का खतरा हो। अगर आपको दूसरे रन के लिए मुड़ना ही है तो तब फिर स्टंप्स के आगे की क्रीज़ को भी क्यों पार किया जाए! क्रिकेट में सिद्धांत यह है कि पहला रन जितना तेज़ी से संभव हो, भागकर पूरा कीजिए। इस पहले रन के दौरान कभी भी विकेट की लाइन को पार मत कीजिए। इस पहले रन लेने की कोशिश के लिए मुड़िए। अगर आप मुड़ चुके होंगे तो आप क्षेत्र-रक्षक द्वारा की गई ज़रा सी भी गलती का फायदा उठा लेंगे और फटाफट भागकर दूसरा रन पूरा कर लेंगे।

नए खिलाड़ी तेज़ नहीं भागते। विकेटों के बीच तेज़ी ऐसी होनी चाहिए मानो 100 गज़ की दौड़ में हिस्सा लिया जा रहा हो। रन लेते हुए इतना हमेशा ध्यान रखिए कि आपका बैट उस समय आपसे आगे ग्राउंड पर हो और रन-आउट का ज़रा-सा भी खतरा हो तो आप उस बैट को आगे रखकर उसका फायदा उठा सकें।

इस बारे में हमेशा ग़लतफहमी रहती है कि रन लेने के लिए कौन आवाज़ लगाएगा। इसका बड़ा आसान-सा तरीका है और निम्न तीन बातों को ध्यान में रखना चाहिए–

1. जिस बल्लेबाज़ ने शॉट लगाया है रन लेने के लिए, आवाज़ लगाने का सबसे पहला हक उसका है।
2. इसके लिए बल्लेबाज़ 'हां' या 'न' या 'इंतज़ार करो' कहता है। अगर बल्लेबाज़ ने इंतज़ार करने के लिए कहा है तो इसके बाद उसे फौरन ही हां या न कहना चाहिए।
3. अगर एक बल्लेबाज़ ने रन लेने के लिए बुलाया है तो फिर हड़बड़ाहट में या जल्दबाज़ी में उस फैसले को बदलना नहीं चाहिए।

औसतन जो 5 बल्लेबाज़ रनं-आउट होते हैं उनमें 4 इसलिए रन-आउट होते हैं क्योंकि वे रन लेने की आवाज़ के इन तीनों नियमों का पालन नहीं करते। हर 5 रन-आउट में से सिर्फ़ एक बेहतरीन क्षेत्र-रक्षण के दम पर रन आउट होता है।

क्रिकेट के विशेषज्ञों ने बल्लेबाज़ों के लिए कुछ सिद्धांत बनाए हैं। वे इस तरह हैं–

1. अगर मिड ऑफ, मिड ऑन या कवर प्वाइंट पर शॉट लगाया है तो कभी भी सीधे रन के लिए हां मत कहिए। सबसे पहले इंतज़ार के लिए कहिए और फिर गेंद देखकर हां करिए।
2. अगर एक्सट्रा कवर या थर्ड मैन में शॉट लगाया है तो रन लेने के लिए भागिए, बशर्ते कि क्षेत्र-रक्षक बहुत नज़दीक न हो।
3. अगर गेंद का क्षेत्र-रक्षण सीमा रेखा के करीब किया जा रहा है तो जितनी देर गेंद की थ्रो को आने में लगेगी उसके लिए भी एक रन ज़रूर लीजिए।
4. अगर मैदान कठोर है तो उसमें गेंद तेज़ी से जाएगी। उसके मुक़ाबले में मैदान कठोर नहीं है तो नज़दीक का रन लेना आसान है। जो मैदान कठोर नहीं है उस पर बल्लेबाज़ों को विकेट के नज़दीक गेंद खेलकर भी रन लेने की कोशिश करनी चाहिए। ऐसे मैदान पर बाउंड्री तक गेंद पहुंचाना मुश्किल होता है इसलिए छोटे शॉट पर रन बनाने की कोशिश करनी चाहिए।
5. नो बाल या वाइड बाल पर कभी भी भागकर सिर्फ़ एक रन बनाने का जोखिम मत उठाइए क्योंकि इस जोखिम के बावजूद रन तो सिर्फ़ एक ही जुड़ेगा।
6. कई बार ऐसा होता है जबकि क्षेत्र-रक्षण कैच लपकने में असफल रहता है तो वह अपनी इस गलती की कसर को पूरा करने के लिए फटाफट गेंद को स्टंप्स पर थ्रो कर देता है और बल्लेबाज़ रन आउट हो जाता है। इसलिए यह सोचना बिलकुल ग़लत है कि अगर कैच उछला है तो भागकर एक रन ज़रूर बनाना चाहिए। हमेशा कैच को देखकर रन लेने का फैसला कीजिए।
7. इस बात को हमेशा याद रखिए कि आप जितने अच्छे दर्जे के मैच में खेलेंगे विपक्षी टीम का क्षेत्र-रक्षण उतना ही अच्छा होगा। अगर आप किसी बहुत अच्छे स्तर के मैच में खेल रहे हैं तो यह मानकर चलिए कि क्षेत्र-रक्षण भी उतना ही अच्छा होगा–इसलिए हर तरह का जोखिम उठाने से पहले होशियार रहिए।

8. अगर रन लेने के लिए हां कहा है तो फटाफट इस फैसले को मत बदलिए। सबसे खराब स्थिति हां--न या न--हां होती है। अगर आपने एक रन के लिए भागना शुरू कर दिया है और आप लगभग आधी पिच तक पहुंच चुके हैं तो उस समय वापस मुड़कर क्रीज़ तक पहुंचने से कहीं आसान यह होगा कि आप सामनेवाली क्रीज़ तक जाएं। अगर आपने रन के लिए हां कहा है तब भी बेमिसाल क्षेत्र-रक्षण के बावजूद आप सामनेवाली क्रीज़ तक पहुंच सकते हैं लेकिन अगर आप वापस मुड़े तो समझ लीजिए कि आपका या दूसरे बल्लेबाज़ का रन-आउट होना निश्चित है।

रन लेने से इनकार करना

अब तक हमने सिर्फ़ यही चर्चा की है कि आमतौर पर रन के लिए हां के फैसले को बदलना नहीं चाहिए। अगर एक बल्लेबाज़ ने रन के लिए आवाज़ लगाई है तो दूसरा बल्लेबाज़ कैसे इनकार कर सकता है? क्रिकेट के विशेषज्ञ कहते हैं कि अगर शॉट लगानेवाला बेवकूफ है या अनाड़ी है तो गेंदबाज़ के सिरे पर खड़े हुए बल्लेबाज़ को अपने अनुभव का फायदा उठाना चाहिए और फौरन कहना चाहिए नहीं--वापस जाओ। रन-आउट के रूप में विकेट गंवा देने से यह कहीं अच्छा है पर ध्यान रखना चाहिए कि रन के लिए यह इनकार उस समय ही हो जाना चाहिए जब बल्लेबाज़ 3-4 गज़ से ज़्यादा न भागा हो।

इसी तरह से काफी देर से खेल रहा बल्लेबाज़ नए बल्लेबाज़ को वापस भेज सकता है--भले ही यह तय हो कि नया आया हुआ बल्लेबाज़ ही रन-आउट होगा।

विशेष परिस्थितियां

जो बल्लेबाज़ इन सभी नियमों का पालन नहीं करता वह अपनी पूरी टीम के लिए खतरा है। वह विपक्षी टीम को वह विकेट दिला सकता है जो विपक्षी टीम के गेंदबाज़ हासिल करने में असफल रहे हों। दोनों बल्लेबाज़ों को हां या न की आवाज़ सुनने के लिए तैयार रहना चाहिए। इसके लिए बल्लेबाज़ आपस में कोई इशारे भी तय कर सकते हैं। रन चुरानेवाले बल्लेबाज़ आंखों के इशारे से फैसला कर लेते हैं।

अनुभवी बल्लेबाज़ कई बार रन लेते हुए रन के आखिरी हिस्से के दौरान भागने की जगह पैदल चलते हैं। यह क्रिकेट के खेल के अनुरूप नहीं है पर अनुभवी बल्लेबाज़ अपने शरीर की शक्ति को बचाते हैं। ऐसे बल्लेबाज़ों को अपनी योग्यता पर भी विश्वास होता है कि अगर ज़रूरत पड़ी तो वे एक ही सैकेण्ड में तेज़ी से भाग लेंगे। उदाहरण के लिए जब डॉन ब्रेडमैन ने एक पूरे दिन में 6 घण्टे बल्लेबाज़ी की तो स्कोर 400 रन से आगे बढ़ा। इनमें से 100 रन बाउंड्री शॉट से बने। इसका मतलब यह नहीं है कि ब्रेडमैन ने अन्य 300 रन भागकर बनाए। 300 बार पूरी तेज़ी के साथ पिच पर भागने का मतलब है 3 मील भागना। अनुभवी बल्लेबाज़ इसी भागने को कम कर लेते हैं और ज़रूरत न हो तो वे भागते नहीं हैं।

अंपायरिंग

अंपायरिंग भी क्रिकेट सीखने का एक हिस्सा है। आजकल तो वैसे भी खिलाड़ियों की अंपायरिंग में रुचि बढ़ रही है। भारत के भूतपूर्व कप्तान एस. वेंकटराघवन खिलाड़ी के रूप में अपने अनुभव की बदौलत आज विश्व के सबसे बेहतरीन अंपायरों में से एक गिने जाते हैं। भारत के पुराने टेस्ट खिलाड़ियों मनिंदर सिंह और यशपाल शर्मा ने भी मैचों में अंपायरिंग शुरू कर दी है। ये दोनों अपने क्रिकेट जीवन में अंपायरिंग में खूब रुचि लेते थे।

अंपायरिंग करना कोई आसान काम नहीं है। खासतौर पर अब तो अंपायरों पर बहुत ज़्यादा दबाव हो गया है। अब मैचों का टेलीविज़न पर सीधे प्रसारण होता है। अंपायर द्वारा दिये गए आउट के फैसले का टेलीविज़न पर ऐक्शन रिप्ले के जरिए मूल्यांकन किया जा सकता है। दिन का खेल खतम होने से पहले ही ऐक्शन रिप्ले के जरिए पूरे क्रिकेट जगत को यह मालूम पड़ चुका होगा कि अंपायर ने एक निर्णय गलत दिया है। यह गलत निर्णय अंपायर की पूरे दिन की मेहनत पर पानी फेर देगा। अंपायर भी इनसान है। जिस तरह से बल्लेबाज़ गलती कर आउट हो सकता है, गेंदबाज़ गलत गेंद फेंककर फिजूल में रन दे सकता है और क्षेत्र-रक्षक गलत अनुमान लगाकर आसान कैच छोड़ सकता है उसी प्रकार अंपायर भी गलती कर सकता है। आजकल अंपायर की गलती को पक्षपात का रंग दिया जाने लगा है जबकि यह सोचना गलत है। इसी 'पक्षपात' के कारण ही क्रिकेट में न्युट्रल अंपायरों की परंपरा शुरू हुई। इसका मतलब यह है कि जो दो देश मैच खेल रहे हैं अंपायर उन देशों के न होकर और किसी तीसरे देश के हों

बहरहाल आई.सी.सी. ने इसे न्युट्रल अंपायर का नाम न देकर और दूसरी व्यवस्था की है। आई.सी.सी. ने अंपायरों का अंतर्राष्ट्रीय पैनल बनाया है। अब यह ज़रूरी कर दिया गया है कि जब टेस्ट मैच हों तो एक अंपायर इस अंतर्राष्ट्रीय पैनल में से होगा और एक अंपायर मेज़बान देश का होगा। अंतर्राष्ट्रीय पैनल में से जिस अंपायर को लिया जाएगा वह टेस्ट में खेलने वाली दोनों टीमों में से किसी देश का नहीं होगा।

अंपायरिंग भी थकानेवाला काम है। अगर खिलाड़ी मैच के दौरान थकते हैं तो अंपायर उनसे भी ज़्यादा थकते हैं। टीम की बल्लेबाज़ी के दौरान मैदान में मौजूद दो बल्लेबाज़ों के अतिरिक्त अन्य सभी खिलाड़ियों को आराम का कुछ मौका मिल जाता है लेकिन अंपायर तो मैच की पहली गेंद से मैच की आखिरी गेंद तक खड़े रहते हैं। सच तो यह है कि अंपायर की भूमिका मैच शुरू होने से पहले ही शुरू हो जाती है। इसके बावजूद अंपायर से यह उम्मीद की जाती है कि वह मैच की पहली गेंद से मैच की आखिरी गेंद तक पूरी तरह से सतर्क रहें और हर गेंद पर बिलकुल सही फैसला दें।

अंपायरों पर मैच के दौरान सही निर्णय देने के अतिरिक्त और भी कई ज़िम्मेदारियां होती हैं जैसे कि मैच शुरू होने से पहले देखना कि ग्राउंड बिलकुल ठीक है या नहीं और दोनों कप्तानों

के बीच प्लेइंग कंडीशंस के बारे में सहमति है या नहीं। मैच के दौरान आउट के निर्णय के अतिरिक्त अंपायरों को सबसे ज़्यादा इस बात का ध्यान रखना होता है कि अनुचित खेल तो नहीं हो रहा। यहां अनुचित खेल से तात्पर्य मुख्यत: गेंदबाज़ी के साथ ही जुड़ा हुआ है। पिछले कुछ सालों में गेंदबाज़ों पर इस तरह के आरोप लगे हैं कि वे जानबूझकर गेंद खराब करते हैं। इसीलिए अंपायरों को कहा गया है कि वे हर कुछ ओवर के बाद गेंद को अपने हाथ में लेकर यह जांच करते रहें कि कहीं गेंद को नाखूनों से या बाटल कैप से खराब तो नहीं किया जा रहा है। इसी तरह से अंपायरों को खतरनाक तेज़ गंदबाज़ी के बारे में होशियार रहना पड़ता है। पिछले साल इंग्लैण्ड और दक्षिण अफ्रीका के बीच एक टेस्ट मैच के दौरान इंग्लैण्ड के कप्तान माइक आथर्टन को गेंद खराब करने के लिए अपनी पैंट की जेब में मिट्टी रखने के लिए पकड़ लिया गया था। आथर्टन को अंपायरों ने नहीं बल्कि टेलीविज़न के कैमरों ने पकड़ा था। इस तरह से अंपायरों पर भी निग़ाह रहती है।

आलराउंडर

आलराउंडर क्रिकेट के खेल का आकर्षण होते हैं। आलराउंडर खिलाड़ी पूरे मैच पर छाया रहता है और अगर वह एक भूमिका में असफल रहा है तो वह इसकी कसर दूसरी भूमिका में पूरी कर सकता है। आलराउंडर खिलाड़ी टीम को संतुलन भी देते हैं। आलराउंडर के होने से टीम को एक ऐसा खिलाड़ी मिल जाता है जिसकी गिनती बल्लेबाज़ों में भी की जा सकती है और गेंदबाज़ों में भी की जा सकती है। इस तरह से वह बल्लेबाज़ होते हुए गेंदबाज़ है और गेंदबाज़ होते हुए बल्लेबाज़ है। वेस्टइण्डीज़ के भूतपूर्व टेस्ट खिलाड़ी सर गैरी सोबर्स ने टेस्ट क्रिकेट में 7000 से ज़्यादा रन बनाए, 200 से ज़्यादा विकेट लिए और 100 से ज़्यादा कैच लपके। उन जैसा बेहतरीन आलराउंडर और कोई नहीं होगा। उनके बारे में कहा जाता था कि वे वेस्टइण्डीज़ की टीम में तीन खिलाड़ियों का काम अकेले करते थे और उन्हें टीम में सिर्फ़ एक बल्लेबाज़ या सिर्फ़ एक बल्लेबाज़ या सिर्फ़ एक क्षेत्र-रक्षक के रूप में भी चुना जा सकता था।

हाल के सालों में इमरान खान, इयान बाथम, कपिल देव और रिचर्ड हैडली जैसे चार आलराउंडर टेस्ट क्रिकेट में खेले हैं। क्रिकेट इतिहास में एक ही समय में इतने बेहतरीन आलराउंडर इससे पहले कभी नहीं खेले थे। इमरान और बाथम ने 300 से ज़्यादा विकेट लिए जबकि कपिल और हैडली ने 400 से ज़्यादा विकेट लिए। इन चारों ने अपनी टीम के लिए शानदार बल्लेबाज़ी भी की।

1983 में जब भारत ने इंग्लैण्ड में विश्व कप जीता था तो भारत की जीत में आलराउंडरों ने बड़ी महत्त्वपूर्ण भूमिका निभाई थी। कपिलदेव, मोहिंदर अमरनाथ, मदन लाल और रोजर बिन्नी टीम के लिए उपयोगी आलराउंडर साबित हुए थे।

चूंकि एक खिलाड़ी आलराउंडर है इसलिए वह खेल में हर भूमिका में शामिल रहेगा। कप्तान को भी यह चाहिए कि उसकी योग्यता का सम्मान करे। एक आलराउंडर अच्छा बल्लेबाज़ तो हो सकता है लेकिन अगर विशेषज्ञ बल्लेबाज़ से उसकी तुलना करेंगे तो यह ग़लत होगा। इसी तरह से अगर विशेषज्ञ गेंदबाज़ से उसकी तुलना करेंगे तो यह गलत होगा। हर आलराउंडर गैरी सोबर्स जैसा नहीं हो सकता जो बल्लेबाज़ी और गेंदबाज़ी, दोनों में बेमिसाल थे। एक आलराउंडर बल्लेबाज़ की तुलना में ज़्यादा अच्छा गेंदबाज़ होगा या फिर वह गेंदबाज़ की तुलना में ज़्यादा अच्छा बल्लेबाज़ होगा। रिचर्ड हैडली, इमरान खान और कपिल देव मुख्यत: गेंदबाज़ थे जो उपयोगी बल्लेबाज़ के रूप में सामने आये। इयान बाथम मुख्यत: बल्लेबाज़ था जो उपयोगी गेंदबाज़ के रूप में सामने आया। इस तरह से ये आलराउंडर बने।

कई विकेटकीपर आलराउंडर भी होते हैं जो बढ़िया विकेटकीपिंग के साथ-साथ उपयोगी बल्लेबाज़ी भी कर लेते हैं। आज हर टीम ऐसा ही विकेटकीपर चाहती है जो अच्छा बल्लेबाज़ भी हो। इसीलिए ऐसे विकेटकीपरों को ही खेलने के ज़्यादा अवसर मिल रहे हैं।

रवि शास्त्री जैसे आलराउंडर का उदाहरण सबसे अनोखा है। रवि शास्त्री ने जब टेस्ट क्रिकेट में खेलना शुरू किया तो उसे चोटिल दिलीप दोषी की जगह बाएं हाथ के स्पिनर के रूप में टीम में शामिल किया गया था। रवि शास्त्री ने इसके बाद अपनी बल्लेबाज़ी पर मेहनत की। सिर्फ़ 3-4 साल के अंदर रवि शास्त्री भारतीय टीम का सलामी बल्लेबाज़ बन गया था। इसके बाद रवि शास्त्री ने टीम में एक प्रमुख बल्लेबाज़ की भूमिका निभाई और वह गेंदबाज़ी करने का आत्मविश्वास खो बैठा था। इसी तरह से मोहिंदर अमरनाथ ने मध्यम तेज़ गति के गेंदबाज़ के रूप में भारतीय टीम में खेलना शुरू किया था। कुछ साल बाद मोहिंदर अमरनाथ पूरे विश्व में तेज़ गेंदबाज़ का सबसे बेहतरीन बल्लेबाज़ बन गया था। 1982-83 के सत्र में पाकिस्तान और वेस्टइण्डीज़ के तेज़ गेंदबाज़ों के खिलाफ मोहिंदर अमरनाथ को हमेशा याद रखा जाएगा।

पिच का व्यवहार समझना

मैच शुरू होने से पहले पिच का व्यवहार समझना कोई ज्योतिष विद्या की बात नहीं है। कई ऐसे खिलाड़ी हैं जो लंबे क्रिकेट जीवन के बावजूद कभी पिच का व्यवहार ठीक तरह से नहीं समझ पाए। कई खिलाड़ी पिच का व्यवहार समझने में माहिर होते हैं। पिच का व्यवहार समझने की सबसे ज़्यादा ज़िम्मेदारी कप्तान की होती है क्योंकि कप्तान को ही टास जीतने के बाद यह फैसला करना होता है कि उसकी टीम बल्लेबाज़ी करेगी या गेंदबाज़ी? ज़रा-सा भी गलत फैसला मैच में हार का कारण बन सकता है। 1990 में इंग्लैण्ड के विरुद्ध लार्डस टेस्ट में अज़हरूद्दीन के साथ ऐसा ही हुआ था। वैसे तो मैच शुरू होने से पहले पिच के व्यवहार और टास की स्थिति में किए जानेवाले फैसले की चर्चा टीम मीटिंग में हो जाती है लेकिन फिर भी फैसला पूरी तरह से कप्तान की ज़िम्मेदारी होती है।

पिच का व्यवहार कई बातों पर निर्भर करता है। सबसे पहले तो उस मैदान में पिछले कुछ महीनों में खेले गए मैचों का रिकॉर्ड देखना चाहिए। उससे पता लग जाएगा कि पिच बल्लेबाज़ों और गेंदबाज़ों को कितनी मदद देती है। इसके अतिरिक्त और भी कई तथ्य हैं जिन्हें ध्यान में रखना होता है। उदाहरण के तौर पर अगर पिच पर घास है तो वेस्टइण्डीज़ का कप्तान हमेशा यह चाहेगा कि उसकी टीम पहले गेंदबाज़ी करे। वेस्टइण्डीज़ की टीम के पास अच्छे तेज़ गेंदबाज़ हैं और वेस्टइण्डीज़ इन तेज़ गेंदबाज़ों के सहारे पिच का फायदा उठाना चाहेगा।

पिच की नमी से पिच के मिजाज़ का अंदाज़ा लगाया जाता है। वेस्टइण्डीज़ के भूतपूर्व कप्तान क्लाइव लायड मैच शुरू होने से पहले लगभग एक घण्टा पहले पिच में चाकू दबाकर यह अनुमान लगाते थे कि पिच में नमी कितनी नीचे है। अगर नमी थोड़े ही नीचे है तो भारी रोलर फेरने से वह नमी ऊपर आ जाएगी और तेज़ गेंदबाज़ों को मदद देगी। अगर पिच सूखी है और पिच से धूल उड़ रही है तो यह अनुमान लगाया जा सकता है कि ज्यों-ज्यों मैच आगे चलेगा तो पिच स्पिनरों को मदद देगी। ऐसे में अच्छा यही रहेगा कि टास जीतनेवाला कप्तान पहले बल्लेबाज़ी करे और मैच की चौथी पारी में अपने स्पिनरों को विकेट का फायदा उठाने का मौका दे। अधूरे तैयार विकेट भी स्पिनरों को मदद देते हैं।

भारत और पाकिस्तान में विकेट आमतौर पर सूखे होते हैं। हालांकि भारत के मुकाबले में पाकिस्तान के पास बहुत अच्छे तेज़ गेंदबाज़ हैं लेकिन फिर भी पाकिस्तानवाले विकेट पर घास नहीं छोड़ते। इसके बावजूद पाकिस्तान के तेज़ गेंदबाज़ विकेट लेते हैं और यही उनकी तारीफ़ है।

अगर मौसम नम है तो यह नम मौसम स्विंग गेंदबाज़ों की मदद करता है। क्रिकेट की परंपराएं कहती हैं कि नम मौसम में टास जीतनेवाली टीम को पहले गेंदबाज़ी करनी चाहिए पर यह फैसला तभी सही साबित होगा जब उस मौसम का फायदा उठाने के लिए टीम के पास गेंदबाज़ हैं। इंग्लैण्ड के मौसम में नमी स्पिनरों और स्विंग गेंदबाज़ों को बराबर की सफलता देती है। इसीलिए अगर 1995 के इंग्लिश सत्र में अनिल कुंबले ने 100 से ज़्यादा विकेट लिए हैं तो श्रीनाथ ने 90 से ज़्यादा विकेट लिए हैं।

कप्तान ने तो टास जीतने के बाद निर्णय ले लिया पर बल्लेबाज़ को अपने खेल के लिए पिच का मिजाज़ समझना होगा और तभी वह गेंदबाज़ी को अच्छी तरह से खेलकर रन बना पाएगा। इसी तरह से गेंदबाज़ को पिच का मिजाज़ समझना होगा और तभी वह अच्छी तरह से गेंदबाज़ी कर विकेट ले पाएगा। गेंदबाज़ को शुरू की कुछ गेंदों को देखकर यह अंदाज़ा लगा लेना चाहिए कि पिच में कितना उछाल है और क्या पिच के किसी खास हिस्से से गेंदबाज़ को कुछ ज़्यादा उछाल मिल रहा है। इसी तरह से अगर किसी स्पिनर को पिच में कोई ऐसी जगह मिल जाती है जो गेंद को टर्न देती है तो वह पूरी पारी के दौरान उसी जगह पर गेंद का टप्पा डालेगा और गेंद को टर्न कराएगा। तेज़ गेंदबाज़ को पिच का फायदा उठाने का मौका पहले मिलता है इसलिए उसे अपनी तरफ से कोई कमी नहीं रखनी चाहिए। जब तेज़ गेंदबाज़ों के बाद स्पिनर आते हैं तो पिच कुछ सूख चुकी होती है और स्पिनर ऐसे में विकेट का फायदा उठाने के लिए तैयार होते हैं।

एकदिवसीय क्रिकेट

इंग्लैण्ड में हालांकि एकदिवसीय क्रिकेट का खेला जाना 1963 में ही शुरू हो गया था लेकिन अन्य सभी देशों में एकदिवसीय क्रिकेट को लोकप्रिय होने में कई साल लग गए। 1971 में इंग्लैण्ड और आस्ट्रेलिया के बीच एकदिवसीय क्रिकेट का पहला अंतर्राष्ट्रीय मैच खेला गया। एकदिवसीय क्रिकेट को क्रिकेट जगत में लोकप्रियता दिलाई विश्व-कप ने। विश्व-कप के आयोजन के साथ ही सभी क्रिकेट खेलनेवाले देशों ने एकदिवसीय क्रिकेट के घरेलू टूर्नामेंट भी शुरू किए। उस समय तक आमतौर पर पारंपरिक क्रिकेट और एकदिवसीय क्रिकेट में कोई फ़र्क़ नही किया जाता था लेकिन बहुत जल्दी यह पता लग गया कि खास परिस्थितियों में एकदिवसीय क्रिकेट के लिए अलग तरह की नीति की ज़रूरत होती है—बल्लेबाज़ी में भी गेंदबाज़ी में भी इसी तरह से एकदिवसीय मैच की कप्तानी और पारंपरिक क्रिकेट मैच की कप्तानी में फ़र्क़ है। अब तो इन दोनों के खेलने के तरीकों को बहुत अलग माना जाने लगा है और यह ज़रूरी नहीं माना जाता कि जो खिलाड़ी टेस्ट क्रिकेट खेलने में अच्छा है वह एकदिवसीय क्रिकेट खेलने में भी अच्छा है। आस्ट्रेलिया वाले डीन जीन्स को टेस्ट क्रिकेट की जगह एकदिवसीय क्रिकेट का विशेषज्ञ बल्लेबाज़ मानते हैं। इसी तरह से इंग्लैण्ड की टीम नील फेयरब्रदर को एकदिवसीय मैचों के लिए टीम में खिलाती है और उसके अच्छे प्रदर्शन के बावजूद उसे टेस्ट मैच की टीम में नहीं खिलाती।

एकदिवसीय क्रिकेट मैच कब क्या मोड़ ले ले कोई नहीं बता सकता। हर मैच अलग-अलग परिस्थितियों को सामने लाता है। टेस्ट मैच में अगर एक गलती हो जाए तो उस गलती को सुधारने का समय मिल जाता है लेकिन एकदिवसीय मैच में जहां एक पारी है ही 40 या 50 ओवर की वहां एक गलती बड़ी मंहगी साबित होती है। अलग-अलग कप्तान इसके लिए अलग-अलग नीति अपनाते हैं। कुछ कप्तान अपने आक्रामक बल्लेबाज़ों को ऊपर के क्रम में बल्लेबाज़ी के लिए भेजते हैं। कुछ कप्तान यह कोशिश करते हैं कि बल्लेबाज़ी के दौरान एक सिरे पर आक्रामक बल्लेबाज़ हो और दूसरे सिरे पर ऐसा बल्लेबाज़ हो जो अपना विकेट बचाकर बल्लेबाज़ी करे। जिस टीम में खब्बू बल्लेबाज़ हों उस टीम का कप्तान यह कोशिश करता है कि मैदान में एक दाएं हाथ का बल्लेबाज़ हो और एक बाएं हाथ का बल्लेबाज़ हो। वैसे मैच की स्थिति के हिसाब से कप्तान बल्लेबाज़ों की बल्लेबाज़ी का क्रम भी बदलते रहते हैं।

एकदिवसीय मैच के लिए कप्तान को मैच के फैसले के नियमों के बारे में सही जानकारी होना बहुत ज़रूरी है। पाकिस्तान और भारत के बीच एक सीमित ओवर के अंतर्राष्ट्रीय मैच के दौरान अब्दुल कादिर ने मैच की आखिरी गेंद पर एक रन बनाया। अगर कादिर यह रन बनाकर रुक गया होता तो पाकिस्तान मैच जीत जाता क्योंकि उस मैच के लिए यह नियम था कि स्कोर बराबर रहने पर जिस टीम के कम विकेट गिरेंगे वह टीम जीत जाएगी। अब्दुल कादिर के पहले रन से स्कोर बराबर हो गए थे और पाकिस्तान के कम विकेट गिरे थे। अब्दुल कादिर ने फिजूल में ही दूसरा रन लेने की कोशिश की और वह रन आउट हो गया। अब दोनों टीमों के स्कोर

और विकेट बराबर-बराबर थे। ऐसे में मैच का फैसला पहले 30 ओवर की रन गति के हिसाब से हुआ और उसमें पाकिस्तान की टीम हार गई। अगर कप्तान सजग होता तो वह इस स्थिति को भांपकर बल्लेबाज़ों को पहले से संदेश भेज सकता था।

इसी तरह से गेंदबाज़ी करनेवाली टीम का कप्तान बड़ी महत्त्वपूर्ण भूमिका निभाता है। उसे मालूम है कि आखिरी ओवरों के दौरान विपक्षी टीम तेज़ी से रन बनाने की कोशिश करेगी इसलिए आखिरी ओवरों के लिए अपने अच्छे गेंदबाज़ों के ओवर बचाने ज़रूरी हो जाते हैं। इसका मतलब यह नहीं कि वह शुरू में ढेरों रन बनने दे। एकदिवसीय क्रिकेट में विकेट लेना अगर महत्त्वपूर्ण है तो रन बचाना भी महत्त्वपूर्ण है।

एकदिवसीय क्रिकेट में क्षेत्र-रक्षण का महत्त्व भी बहुत ज़्यादा है। 1975 के विश्व-कप के फाइनल में आस्ट्रेलिया की पारी के दौरान विव रिचर्डस ने शानदार क्षेत्र-रक्षण किया था और उसने आस्ट्रेलिया के 3 बल्लेबाज़ों को रन आउट किया था। रिचर्डस के इस क्षेत्र-रक्षण ने वेस्टइण्डीज़ के विश्व कप जीतने में बहुत महत्त्वपूर्ण भूमिका निभाई।

अगर बल्लेबाज़ी करनेवाली टीम के दो बल्लेबाज़ अच्छी तरह से जमे हुए हैं और तेज़ी से रन बना रहे हैं तो क्षेत्र-रक्षण करनेवाली टीम को उसी हिसाब से क्षेत्र-रक्षण में परिर्वतन करना चाहिए। एकदिवसीय मैचों में घबराहट के लिए कोई जगह नहीं है। थोड़े-से रन बनने का मतलब कतई यह नहीं है कि सभी क्षेत्र-रक्षकों को सीमा रेखा पर खड़ा कर दिया जाए। ढेरों रन बन रहे हों तब भी सभी क्षेत्र-रक्षकों को आक्रामक स्थिति में खड़ा करना सही नहीं है।

एकदिवसीय क्रिकेट को खेलना एक अलग तरह का अनुभव है। कप्तान मैचों के अनुभव से बहुत कुछ सीखते हैं और वही कप्तान सफल रहता है जो अपना संयम नहीं खोता। कप्तान में प्रयोग करने की भावना होनी चाहिए। कई बार ऐसा देखा गया है कि कप्तान अपने किसी अनियमित गेंदबाज़ को आक्रमण पर लगाकर वह विकेट हासिल कर लेते हैं जो नियमित गेंदबाज़ हासिल नहीं कर पाते। इसलिए अगर कप्तान संयम खो बैठेगा तो वह सफल नहीं रहेगा।

एकदिवसीय क्रिकेट में बल्लेबाज़ी

एकदिवसीय क्रिकेट में बल्लेबाज़ी का मतलब आमतौर पर यह निकाला जाता है कि तेज़ बल्लेबाज़ी करना। यह सोचना ठीक तो है लेकिन पूरी तरह से ठीक नहीं। अगर हर बल्लेबाज़ तेज़ी से रन बनाने की कोशिश करता रहेगा तो टीम को सफलता मिलने के आसार बड़े कम हैं। जितनी तेज़ी से रन बनेंगे आउट होने के आसार भी उतने ही ज़्यादा हैं। टीम का पहला लक्ष्य यह होना चाहिए कि अपने हिस्से के पूरे 50 ओवर ज़रूर खेले। जल्दी आउट हो जाने से अपना ही नुकसान है क्योंकि विपक्षी टीम तो अपने 50 ओवर खेलेगी ही। 1984-85 में जब भारत ने आस्ट्रेलिया में विश्व चैंपियनशिप ऑफ क्रिकेट को जीता था और रवि शास्त्री चैंपियन ऑफ चैंपियंस बना था तो रवि शास्त्री ने कोई तेज़ बल्लेबाज़ी नहीं की थी। रवि शास्त्री ने हर पारी में अपना विकेट बचाकर पारी को मज़बूती दी थी और रन जोड़े थे। अगर ऐसा लगे कि एक बल्लेबाज़ एक सिरे पर जम गया है तो दूसरे सिरे के बल्लेबाज़ बिना किसी तनाव के तेज़ी से रन बनाने की कोशिश कर सकते हैं।

यूं तो पारंपरिक क्रिकेट में कई स्ट्रोक ऐसे हैं जिनसे तेज़ी से रन बनाए जाते हैं। तेज़ी से रन बनाना स्ट्रोक पर नहीं बल्लेबाज़ की योग्यता पर निर्भर करता है। कई बल्लेबाज़ ऐसे हैं जो अपनी पूरी पारी के दौरान एक भी जोखिम भरा स्ट्रोक नहीं लगाते हैं लेकिन रन वे भी बना लेते हैं क्योंकि वे हर गेंद पर 1-2 रन बनाने की नीति अपनाते हैं। ऐसे बल्लेबाज़ क्षेत्र-रक्षण को देखकर क्षेत्र-रक्षकों के बीच से गेंद निकालने की योग्यता रखते हैं और उनका ऐसा हलका सा स्ट्रोक भी उन्हें एक रन दे देता है। क्षेत्र-रक्षण में ज़रा-सी भी गलती हुई तो समझ लीजिए कि 2 रन बन गए।

फिर भी कई स्ट्रोक ऐसे हैं जिन्हें एकदिवसीय क्रिकेट ने खासतौर पर लोकप्रियता दिलाई है। इन्हीं में से एक स्ट्रोक रिवर्स स्वीप है। यह अगर गेंदबाज़ का मनोबल गिराने के लिए अच्छा शाट है तो खतरनाक भी है। 1987 के विश्व-कप के फाइनल में बहुत अच्छा खेल रहे माइक गेटिंग ने आस्ट्रेलियाई गेंदबाज़ों के खिलाफ रिवर्स स्वीप लगाने के चक्कर में ही अपना विकेट गंवाया था। गेटिंक के आउट होने के बाद इंग्लैण्ड की टीम लड़खड़ा गई थी।

जैसा कि नाम से स्पष्ट है, यह आम स्वीप से उलटी दिशा में लगाया जाता है। कप्तान तो क्षेत्र-रक्षकों को पारंपरिक स्वीप शाट को रोकने की स्थिति में खड़ा करता है। इसके बिलकुल सामने का क्षेत्र खाली रहता है। इसी का फायदा उठाने के लिए बल्लेबाज़ रिवर्स स्वीप शाट लगाता है। इसे इस तरह से भी समझा जा सकता है कि स्वीप में गेंद को स्क्वायर लैग की दिशा में खेला जाता है और रिवर्स स्वीप में गेंद को लैग साइड में न खेलकर बैट उलटा घुमाकर ऑफ साइड में खेल दिया जाता है। इसके लिए हाथों की तेज़ी और दिमाग़ का संतुलन बहुत ज़रूरी है। जावेद मियांदाद और गोर्डन ग्रोनिज जैसे बल्लेबाज़ रिवर्स स्वीप बहुत बढ़िया लगाते थे।

इस शाट को पाकिस्तान के मुश्ताक मोहम्मद ने खूब लोकप्रियता दिलाई थी। बाद में इसे इयान बाथम ने भी कई अवसरों पर लगाया। 1987 में एम.सी.सी. और शेष विश्व इलेवन के बीच लार्डस में खेले गए मैच में गोर्डन ग्रोनिज ने अपनी 122 रन की पारी के दौरान रोजर हार्पर और अब्दुल कादिर जैस स्पिनरों के खिलाफ़ इसे बड़ी सफलता के साथ लगाया था। अगर पारी की हालत नाजुक है और टीम किसी और विकेट का खोना सहन नहीं कर सकती है तो इस शाट को मत लगाइए। बाथम की नज़र में यह शाट कप्तान को एक क्षेत्र-रक्षक ऐसी जगह पर खड़ा करने के लिए मजबूर कर देता है जहां क्षेत्र-रक्षक की ज़रूरत नहीं है। इस तरह से टीम में सामान्य स्थितियों के लिए एक क्षेत्र-रक्षक कम हो जाता है।

कुछ और शाट भी ऐसे हैं जिन्हें एकदिवसीय क्रिकेट ने लोकप्रियता दिलाई है क्योंकि एकदिवसीय क्रिकेट में बल्लेबाज़ का लक्ष्य यही है कि रन बनाएं—चाहे वे किसी भी तरह से बने।

एक ऐसा ही शाट 'इनसाइट आउट' कवर ड्राइव है। इसमें मिड ऑफ, कवर प्वाइंट और एक्स्ट्रा कवर के 25-30 गज़ के चाप की दिशा में इन फील्ड के ऊपर से ड्राइव लगाया जाता है। इयान बाथम का कहना है कि ऐसा शाट सिर्फ़ वे बल्लेबाज़ लगा सकते हैं जिनके हाथ में ताकत है।

ऑफ साइड पर ऊंचा शाट लगाना आमतौर पर किताबों में कहीं नहीं है पर अब बल्लेबाज़ ऑफ साइड में छक्का भी लगाने लगे हैं। अगर कोई थर्ड मैन न हो तो स्लिप के ऊपर लगाया गया 'अपर कट' गेंदबाज़ का मनोबल तोड़ता है। गुंडप्पा विश्वनाथ जैसे बल्लेबाज़ों ने स्क्वायर कट लगाते हुए कभी गेंद को ज़मीन के ऊपर नहीं उठने दिया पर धुंआधार बल्लेबाज़ी करने वाले बैट को पूरी लंबाई तक आगे ले जाकर पूरे ब्लेड के साथ ऑफ स्टंप से बाहर जा रही गेंद पर हवा में स्क्वायर कट लगाते हैं। गेंद विकेट के नज़दीक खड़े क्षेत्ररक्षक के सिर के ऊपर से निकल जाती है।

एकदिवसीय क्रिकेट में गेंदबाज़ी

एकदिवसीय मैचों में फील्डिंग सर्किल बन जाने के कारण मैदान में क्षेत्र-रक्षकों की स्थिति पर प्रतिबंध होता है और इससे आक्रामक गेंदबाज़ों को अपनी गेंदबाज़ी का पूरा फायदा उठाने का मौका मिलता है। क्षेत्र-रक्षकों की स्थिति पर नियंत्रण के कारण कुछ गेंदबाज़ों को मनपसंद जगह पर क्षेत्र-रक्षक खड़े करने का मौका भी नहीं मिलता इससे रन रोकना भी मुश्किल हो जाता है। आक्रामक गेंदबाज़ उसके बाद पारी के आखिरी ओवरों में लगाए जाते हैं और तब भी रन रोकना मुश्किल होता है क्योंकि आखिरी ओवरों में हर टीम के बल्लेबाज़ तेज़ी से रन बनाने की कोशिश करते हैं। गेंद की तेज़ी के कारण बैट का बाहरी किनारा भी गेंद को सीमा रेखा पर भेज सकता है। इसीलिए स्पिनर जहां एकदिवसीय क्रिकेट में रन रोक लेते हैं वहीं टेस्ट मैचों के सफल तेज़ गेंदबाज़ उम्मीद से ज़्यादा रन देते हैं।

विशेषज्ञों का कहना है कि ऐसे तेज़ गेंदबाज़ को आखिरी ओवरों के दौरान बीच-बीच में यार्कर गेंद फेंकनी चाहिए। अगर यार्कर को लैग स्टंप पर फेंका जाए तब तो यह और भी असरदार साबित होगी। अगर फिर भी रन नहीं रुक रहे तो गेंद की तेज़ी की चिंता किए बिना उसे स्टंप्स पर फेंकिए और बल्लेबाज़ की गलती का इंतज़ार कीजिए।

एक समय था जब यह सोचा जाता था कि एकदिवसीय क्रिकेट में स्पिनरों के लिए कोई जगह नहीं है। अब यह धारणा गलत साबित हो सकती है। स्पिनरों को हिट करना आसान नहीं है—अगर बल्लेबाज़ ऐसा करेगा तो उसके कैच आउट होने का खतरा रहेगा। विव रिचर्डस का कहना है कि अगर कोई स्पिनर बीच-बीच में मध्यम तेज़ यार्कर फेंके तो वह बड़ा असरदार साबित होगा।

क्रिकेट शब्दकोश (डिक्शनरी)

योग (एग्रीगेट) : किसी भी टीम द्वारा बनाए गए रन योग कहलाते हैं। आमतौर पर योग लिखते समय साथ में गिरे विकेटों की संख्या भी दी जाती है।

आलराउंडर : यह उस खिलाडी के लिए प्रयोग किया जाता है जो बल्लेबाज़ और गेंदबाज़ी दोनों में माहिर है। आजकल अच्छी बल्लेबाज़ी करनेवाले विकेटकीपर के लिए भी आलराउंडर का प्रयोग किया जाता है।

विश्लेषण (एनालाइसिस) : यह गेंदबाज़ की गेंदबाज़ी का विश्लेषण है और इसमें लिखा जाता है कि गेंदबाज़ ने कितने ओवर फेंके– इनमें से कितने मेडिन थे–उसने कितने रन दिए–कितने विकेट लिए। जैसे कि 44–10–102–2 विश्लेषण है।

अपील : मैच के दौरान क्षेत्ररक्षण करनेवाली टीम बल्लेबाज़ के खिलाफ आउट के फैसले के लिए अपील करती है। इसकी चर्चा हम क्रिकेट के नियमों में कर चुके हैं। एक अपीन और है जो खराब रोशनी के खिलाफ़ है। अगर रोशनी खेल के लिए सही नहीं है तो बल्लेबाज़ खेल रोकने के लिए अपील कर सकते हैं।

आर्म बाल : गेंद को उंगलियों से स्पिन करानेवाले गेंदबाज़ की ऐसी गेंद जो आम स्पिन गेंद नज़र आती है लेकिन उसकी हवा में दिशा बदल जाती है। इसे आर्म बाल इसलिए कहा जाता है क्योंकि गेंद की दिशा गेंद फेंकनेवाली बाजू की ओर हो जाती है।

कृत्रिम पिच (आर्टिफिशिल पिच) : अगर मैच के लिए पारंपरिक टर्फ पिच नहीं है तो क्रिकेट मैच मैट पर या और कोई कत्रिम पिच बिछाकर खेला जा सकता है। कैरी पैकर ने विश्व–श्रृंखला क्रिकेट के लिए फुटबाल के स्टेडियमों में प्लास्टिक की घास से बनी पिच बिछाकर मैच कराए थे।

खेल खत्म होने के समय (एट स्टंप्स) : एट स्टंप्स जब हम कहते हैं तो उसका मतलब है कि दिन का खेल खत्म हो गया और मैदान से स्टंप्स हटा लिये गए हैं।

औसत (एवरेज) : किसी बल्लेबाज़ या गेंदबाज़ के प्रदर्शन को उसकी बल्लेबाज़ी या गेंदबाज़ी की औसत से दिखाया जाता है। बल्लेबाज़ की औसत की गणना के लिए उसने जो कुल पारियां खेली हैं उनमें से उन पारियों को घटा देते हैं जिनमें वह आउट नहीं हुआ है। अब उसके द्वारा बनाए गए रन को इन पारियों की संख्या से विभाजित करें तो बल्लेबाज़ की औसत प्राप्त होती है। गेंदबाज़ के लिए उसने जो रन दिए हैं उन्हें लिये गए विकेटों की संख्या से विभाजित करें तो उसकी औसत प्राप्त होती है।

अवे स्विंगर : तेज़ गेंदबाज़ की ऐसी गेंद जो स्टंप्स की लाइन से दूर स्विंग होकर स्लिप की तरफ जाती है।

बैकिंग अप : गेंदबाज़ के गेंद फेंकने के समय नॉन स्ट्राइकर सिरे पर खड़ा बल्लेबाज़ शाट लगानेवाले

बल्लेबाज़ को रन लेने में मदद देने के लिए क्रीज़ से आगे निकल आता है। इसी को बैकिंग अप कहते हैं।

बैक फुट : बल्लेबाज़ी में जिन शाट के लिए बल्लेबाज़ अपने पिछले पैर का ज़्यादा प्रयोग करता है वे बैक फुट शाट कहलाते हैं। इसमें आमतौर पर बैक फुट, ड्राइव, कट, पुल, हुक एवं लैग ग्लांस खेले जाते हैं। इसमें बल्लेबाज़ गेंद को खेलने के लिए अपने पिछले पैर को सही दिशा और सही स्थिति में लाता है।

बैकवर्ड : क्षेत्र-रक्षक के लिए जो स्थितियां हैं अगर बल्लेबाज़ विकेट की लाइन में उन स्थितियों से कुछ पीछे खड़ा हो तो उस स्थिति को बैकवर्ड कहते हैं। यह शब्द आमतौर पर प्वाइंट क्षेत्र-रक्षण और स्क्वायर लैग क्षेत्र-रक्षण के लिए प्रयोग होता है जैसे कि बैकवर्ड प्वाइंट स्क्वायर लैग।

बेल्स (गिल्लियां) : लकड़ी के दो ऐसे खास शक्ल दिये हुए टुकड़े जो स्टंप्स के ऊपर बनी जगह में फिट हो जाते हैं। तीन स्टंप्स के सेट के ऊपर दो बेल्स रखी जाती हैं। किसी भी बल्लेबाज़ के आउट होने के लिए बेल्स का अपनी जगह से हटना बहुत ज़रूरी है।

गेंद (बाल) : गेंदबाज़ खेल को शुरू करने के लिए खासतौर पर बनी गेंद का प्रयोग करता है। इसका वज़न और आकार क्रिकेट के नियमों में दिया गया है। यह अंदर से कार्क की होती है और इसके ऊपर लेदर लगा होता है। लेदर के दो हिस्सों की सिलाई से गेंद बनती है। यह सिलाई गेंदबाज़ी में बड़ी महत्त्वपूर्ण भूमिका अदा करती है।

बैट (बल्ला) : गेंद का सामना करने के लिए बल्लेबाज़ बैट से खेलता है। वह बैट से गेंद को स्टंप्स में जाने से रोकता है और बैट से ही गेंद पर शाट लगाकर रन बनाने की कोशिश करता है। बैट का ब्लेड लकड़ी का बना होता है। हैंडल केन की पट्टियों का बना होता है जिन्हें रबर लगाकर आपस में चिपका कर हैंडल की शक्ल दी जाती है। हैंडल के ऊपर रबर चढ़ा होता है। आजकल एकदिवसीय क्रिकेट और नाइट क्रिकेट के दौरान रंगीन बैट का प्रयोग शुरू हो गया है।

बैट-पैड : यह आम तौर पर विकेट के नज़दीक क्षेत्र-रक्षण की स्थितियों के लिए लिखा जाता है। अगर गेंद बल्लेबाज़ के बैट से लगकर पैड पर लगती है और फिर कैच के रूप में उछल जाती है तो विकेट के नज़दीक खड़ा क्षेत्र-रक्षक यह कैच लपकता है। यह बैट-पैड कैच कहलाता है।

बल्लेबाज़ का स्वर्ग (बैट्समैन्स पैराडाइज़) : ऐसी पिच जो रन से भरी दिखाई देती है यानि कि उस पर रन बनाना बड़ा आसान है, बल्लेबाज़ के लिए स्वर्ग कहलाती है।

बल्लेबाज़ी (बैटिंग) : जब बल्लेबाज़ बैट से गेंद को खेलता है तो इसे बल्लेबाज़ी कहते हैं। इसी तरह से यह शब्द टीम के लिए और खेल की और कई बातों को स्पष्ट करने के लिए भी प्रयोग होता है।

बल्लेबाज़ की क्रीज़ (बैटिंग क्रीज़) : इसी को पॉपिंग क्रीज़ भी कहते हैं। आसानी से समझने के लिए स्टंप्स से 4 फुट आगे जो लाइन खींची जाती है वह बल्लेबाज़ के लिए सुरक्षित क्षेत्र बताती है। इसके अंदर बल्लेबाज़ स्टंप-आउट या रन-आउट नहीं हो सकता। यही लाइन गेंदबाज़ के लिए नो बाल का फैसला करने में प्रयोग होती है।

बीमर : ऐसी गेंद जो एक भी टप्पा खाए बिना बल्लेबाज़ के सिर को निशाना बनाकर फेंकी जाती है, इसे क्रिकेट की सबसे खतरनाक गेंद माना जाता है क्योंकि बल्लेबाज़ तो अपनी आंखों से गेंद

को विकेट से बाउंस होते देखने के लिए तैयार होता है और जब तक गेंद की स्थिति के बारे में कोई कुछ पता नहीं लगता।

बीम बाल : इसी को बीमर कहते हैं।

बाइट : कोई भी स्पिन गेंदबाज़ गेंद के टर्न और उछाल के लिए पिच से जो मदद हासिल कर सकता है उसे बाइट कहते हैं।

ब्लॉक (रोकना) : इसका कई तरह से प्रयोग होता है। बल्लेबाज़ गेंद खेलते समय जिन स्टंप्स के सामने खड़ा होकर खेलता है उनके बारे में कहा जाता है कि उसने इन स्टंप्स को ब्लॉक कर दिया है। इसके लिए वैसे सबसे सही शब्द गार्ड है। जब बल्लेबाज़ फ्रंट फुट पर सुरक्षात्मक या बैक फुट पर स्ट्रेट बैट स्ट्रोक खेलता है तो इसे भी ब्लॉक कहते हैं।

बॉडीलाइन : यह शब्द 1932-33 को इंग्लैण्ड और आस्ट्रेलिया के बीच आस्ट्रेलिया में खेली गई श्रृंखला की देन है। इंग्लैण्ड की ओर से ऐसी शार्ट पिच गेंदबाज़ी की गई जिसमें बल्लेबाज़ के शरीर को निशाना बनाया गया और बल्लेबाज़ को घेरे हुए लैग साइड पर कई क्षेत्र-रक्षक खड़े कर दिये गए। बल्लेबाज़ को मजबूरी में ऐसी गेंद की लैग पर खेलना पड़ता था और इससे कैच उछलने के बहुत आसार थे। अगर बल्लेबाज़ कोई शाट नहीं लगाता तो उसके गेंद से चोट खाने के पूरे आसार थे।

बोसो : यह एक तरह की गेंद है और इसका नाम उस गेंदबाज़ पर है जिसने इसका प्रयोग सबसे पहली बार किया। यह गेंदबाज़ इंग्लैण्ड के बी.जे.टी. बोसनक्वैट हैं जिन्होंने 1903-04 की आस्ट्रेलिया यात्रा के दौरान यह गेंद फेंकी। यह ऐसी गेंद है जो दाएं हाथ के बल्लेबाज़ के लिए लैग ब्रेक नज़र आती है लेकिन वास्तव में ऑफ से लैग की तरफ स्पिन करती है।

बाउंसर : एक तेज़, शार्ट पिच गेंद जो बल्लेबाज़ के शरीर की लाइन को या उसके सिर को निशाना बनाते हुए उसे डराने के लिए या उसे जोखिम भरा हुक शाट लगाने के लिए प्रेरित करने के लिए फेंकी जाती है।

बाउंड्री (सीमा रेखा) : खेल के क्षेत्र की सीमा बाउंड्री कहलाती है। कभी-कभी चौके के लिए भी बाउंड्री शब्द का प्रयोग किया जाता है।

गेंदबाज़ की क्रीज़ (बालिंग क्रीज़) : ऐसी लाइन जो स्टंप्स की लाइन में विकेट या पिच के दोनों ओर होती है। ये स्टंप्स के दोनों ओर 4 फुट तक होती है और फिर रिटर्न क्रीज़ से जुड़ जाती है।

बालिंग मशीन (गेंद फेंकने वाली मशीन) : नेट प्रैक्टिस के दौरान बल्लेबाज़ के लिए तरह-तरह की गेंद अलग-अलग गति से फेंकने के लिए इस मशीन का प्रयोग किया जाता है। इस मशीन से फेंकी जानेवाली गेंद की लाइन, गति, स्विंग और स्पिन को बदला जा सकता है।

बॉक्स : बल्लेबाज़, विकेटकीपर या विकेट के नज़दीक खड़ा क्षेत्र-रक्षक अपने गुप्तांग की सुरक्षा के लिए जो कवर पहनता है उसे बाक्स कहते हैं।

ब्रेक : गेंद का पिच पर टप्पा खाने के बाद लैग या ऑफ की तरफ स्पिन होना ब्रेक कहलाता है यानि कि ऑफ ब्रेक या लैग ब्रेक गेंदबाज़।

बंप बाल : जब बल्लेबाज़ गेंद को जोरदार तरीके से ग्राउंड पर खेलता है और दूर से देखने पर

यह ऐसी लगती है मानो सीधी बैट से आई हो। ऐसे शाट पर लपका गया कैच बंप कैच कहलाता है।

बंपर : बाउंसर को ही बंपर कहते हैं।

चिकनी उंगलियां (बटर फिंगर्स) : ये शब्द उस क्षेत्र-रक्षक के लिए प्रयोग किया जाता है जो बड़ा आसान-सा कैच छोड़ देता है। ऐसा समझा जाता है कि उसकी उंगलियां मक्खन लगने से चिकनी हो गई हैं और गेंद उनमें से फिसल गई है।

बालिंग स्पैल : गेंदबाज़ अपनी गेंदबाज़ी के दौरान जो ओवर लगातार फेंकता है वे उसका बालिंग स्पैल कहलाता है।

बाई : इसके लिए क्रिकेट नियम देखें।

कॉल (आवाज़) : जब एक बल्लेबाज़ अपने साथी बल्लेबाज़ को रन लेने की संभावना के बारे में हां, न या इंतज़ार करो की आवाज़ लगाकर बताता है तो इसे काल कहते हैं। जब अंपायर भी गेंदबाज़ और अन्य खिलाड़ियों को वाइड और नो बाल के बारे में आवाज़ लगाकर बताता है तो इसे अंपायर की काल कहते हैं।

कैप : क्रिकेट के खिलाड़ी अपने सिर को ढकने के लिए इसे पहनते हैं। अच्छे दर्जे की क्रिकेट में खिलाड़ी की कैप पर उसकी टीम का निशान बना होता है। ऊंचे दर्जे की क्रिकेट के लिए हर देश का खिलाड़ी अलग रंग की कैप पहनता है।

कप्तान : जो खिलाड़ी मैच के दौरान अपनी टीम का नेतृत्व करता है वह कप्तान कहलाता है।

कैरी वंस बैट (पारी शुरू कर आउट न होना) : यह उस सलामी बल्लेबाज़ के लिए प्रयोग होता है जो पारी शुरू कर अपनी टीम के आउट होने तक अविजित रहता है।

कैच : क्रिकेट के नियम देखिए।

कॉट बिहाइंड (पीछे कैच) : इसका मतलब है विकेटकीपर द्वारा कैच लपका जाना।

चेंज बालर : जब नई गेंद के साथ गेंद फेंकनेवाले पहले दोनों गेंदबाज़ अपना पहला स्पैल फेंक चुके हों तो उनकी जगह आक्रमण पर लगाया गया पहला गेंदबाज़ पहला चेंज बालर कहलाता है। इसी तरह से जो खिलाड़ी आमतौर पर गेंदबाज़ी नहीं करता है और जब उसे आक्रमण पर लगाया जाए तो वह चेंज बालर कहलाता है।

सेंचुरी (शतक) : बल्लेबाज़ जब 100 रन बना ले तो उसका शतक कहते हैं।

चीकी सिंगल (रन चुराना) : जब दो बल्लेबाज़ विकेट के बीच तेज़ी से भागकर खतरनाक दिख रहा रन बना लें तो उसे चीकी सिंगल कहते हैं।

चैरी : नई चमकदार लाल गेंद जो चैरी की तरह से चमकती है।

चेस्ट गार्ड (छाती का कवर) : इसकी खोज अभी कुछ ही साल पहले हुई है। इसे बल्लेबाज़ छाती पर पहनते हैं और तेज़ गेंदबाज़ की गेंद छाती पर लगने पर चोट नहीं लगती।

चायनामैन : बाएं हाथ के स्पिनर की एक ऐसी गेंद जिसे दाएं हाथ के बल्लेबाज़ के लिए ऑफ से लैग की ओर स्पिन होना चाहिए लेकिन वह लैग से ऑफ की ओर स्पिन होती है।

चुकर : ऐसा गेंदबाज़ जिसने सही गेंद फेंकने की कोशिश के दौरान गेंद को थ्रो किया है।

क्लोज़ (बंद करना) : किसी भी पारी को विकेटों के रहते हुए समाप्त घोषित कर देना। जब दिन का खेल खत्म होता है तो उसके लिए भी क्लोज़ का प्रयोग होता है।

क्लीन बोल्ड : क्रिकेट के नियम देखें।

कमेंटेटर : वह व्यक्ति जो रेडियो पर आंखों देखा हाल सुन रहे और टेलीविज़न पर मैच देख रहे लोगों को मैच के ऐक्शन का ब्यौरा देता है।

कवर ड्राइव : फ्रंट फुट या बैक फुट पर कवर क्षेत्र में लगाया गया आक्रामक स्ट्रोक।

कवर प्वाइंट : यह क्षेत्र की एक स्थिति है।

कवर : यह मैदान में ऑफ साइड पर क्षेत्र-रक्षण की एक स्थिति है। पिच को बरसात से बचाने के लिए भी उस पर कवर डाले जाते हैं।

क्रीज़ : पिच पर क्रिकेट के नियमों के अनुसार जो लाइनें खीचीं जाती हैं वे क्रीज़ कहलाती हैं।

क्रास बैट : ऐसे स्ट्रोक जिनमें गेंद को नीचे हिट करने की जगह लाइन बदलते हुए हिट किया जाता है। कट, स्वीप, हुक और पुल स्ट्रोक क्रास बैट से ही लगाए जाते हैं। इन्हें लगाने में ज़रा-सी भी गलती हो जाए तो कैच उछल जाता है।

क्रम्बल : जब पिच मैच के आखिरी दिनों के दौरान टूटने लगती है और स्पिनरों को ज़रूरत से ज़्यादा मदद देने लगती है।

कट : तेज़ गेंदबाज़ी में गेंदबाज़ के गेंद को स्पिन देने की वजह से गेंद पिच पर टप्पा खाकर अपनी दिशा बदल लेती है। अन्य सभी क्रिकेट खेलनेवाले देशों के मुकाबले में इंगलैण्ड में गेंद ज़्यादा कट करती है। बल्लेबाज़ी में एक स्ट्रोक को भी कट कहा जाता है। कट स्ट्रोक से गेंद प्वाइंट से स्लिप के क्षेत्र तक जा सकती है। इसे आफ स्टंप से बाहर की शार्ट पिच गेंद पर क्रास बैट से खेला जाता है। स्क्वायर कट-प्वाइंट क्षेत्र में लगाया जाता है, लेट कट स्लिप की ओर जाता है।

कटर्स : ऐसी गेंद जो पिच पर अपनी दिशा बदल लेती है क्योंकि तेज़ गेंदबाज़ ने गेंद को स्पिन करा दिया।

डांस (नाच) : स्पिनर के खिलाफ बल्लेबाज़ी करते हुए जब बल्लेबाज़ अपने फुट वर्क के सहारे तेज़ी से विकेट के आगे आ जाता है।

डेंजर एरिया (खतरनाक क्षेत्र) : क्रिकेट नियम देखिए।

डेड बाल : क्रिकेट के नियम देखिए।

डीप (पीछे) : यह क्षेत्र-रक्षण की स्थितियों को पीछे की ओर करने के लिए प्रयोग होता है। जैसे कि प्वाइंट पर खड़ा क्षेत्र-रक्षक सजाना और ऐसी गेंदबाज़ी फिकवाना जिसमें इरादा विकेट लेने का न होकर सिर्फ रन बचाने का हो।

डिलीवरी : एक गेंद फेंकना।

डेविल : ऐसी पिच जो बहुत खतरनाक है और उस पर बल्लेबाज़ी करना बहुत मुश्किल है।

डिग इन : बल्लेबाज़ का अपनी पारी को मज़बूत बनाने के लिए लंबे समय तक पिच पर जमे रहने

की कोशिश—इस दौरान वह गेंदबाज़ी पर हावी होने या ज़्यादा रन बनाने की कोशिश नहीं करता है।

डंकी ड्राप : धीमे गेंदबाज़ की ऐसी गेंद जो हवा में बहुत ऊंचा उछलकर फिर नीचे आती है।

ड्रैग (घसीटना) : गेंदबाज़ का गेंद फेंकने के दौरान पिछले बूट को पिच पर घसीटना। जिन दिनों नो बाल का फैसला गेंदबाज़ के बैक फुट को देखकर किया जाता था उन दिनों गेंदबाज़ अपने बैक फुट को पापिंग क्रीज़ से लगभग एक गज़ आगे तक घसीट देते थे और तब गेंद फेंकते थे। इससे बल्लेबाज़ और गेंदबाज़ की दूरी और कम हो जाती थी और इससे वे तेज़ गेंद फेंक लेते थे।

ड्रा : जब कोई भी टीम मैच जीतने में असफल रहती है तो मैच ड्रा हो जाता है।

ड्रैस : क्रिकेट के खिलाड़ियों की ड्रेस समय के साथ-साथ बहुत बदली है। अब तो खिलाड़ियों ने दिन के मैचों में भी रंगीन कपड़े पहनकर खेलना शुरू कर दिया है।

ड्रिंक्स : जब खेल के दौरान 45 या 60 मिनट के बाद पानी पीने के लिए इंटरवल हो तो उसे ड्रिंक्स इंटरवल कहते हैं।

ड्राइव : रन बनाने के इरादे से फ्रंट फुट या बैक फुट पर मिड विकेट से प्वाइंट क्षेत्र तक स्ट्रेट बैट से तेज़ी से गेंद पर लगाये गए शाट ड्राइव कहलाते हैं।

ड्राप (छोड़ देना) : क्षेत्र-रक्षण में इसका कैच के लिए प्रयोग किया जाता है। बल्लेबाज़ी में यह बल्लेबाज़ी के क्रम का संकेत देती है जैसे कि पहला विकेट गिरने के बाद जो नया बल्लेबाज़ आता है वह फर्स्ट ड्राप कहलाता है।

ड्राप वन शार्ट : यह तेज़ गेंदबाज़ी में एक शार्ट पिच गेंद की खतरनाक तेज़ी का ब्यौरा देती है।

डक **(शून्य)** : शून्य का स्कोर डक कहलाता है। बतख का अंडा गोल आकार का होता है। तेज़ गेंदबाज़ की शार्ट पिच गेंद को खेलने से बचने के लिए बल्लेबाज़ का अपनी जगह पर खड़े-खड़े झुकना डक कहलाता है।

एज (किनारा) : बैट का किनारा। जब बल्लेबाज़ स्ट्रेट बैट से खेलता है तब भी गेंद किनारे को लगकर उछल सकती है।

एलीवेटेड (पदोन्नति) : जब किसी निचले क्रम के बल्लेबाज़ को ऊपर के क्रम का बल्लेबाज़ बनाकर भेज दिया जाता है।

इलेवन : इसका मतलब है 11 खिलाड़ी। इसलिए कई बार 11 खिलाड़ियों को जुटाकर बनायी गई टीम इलेवन कहलाती है।

इक्वेशन (समीकरण) : आमतौर पर इसका एकदिवसीय क्रिकेट के दौरान प्रयोग होता है। मैच की इक्वेशन का मतलब है कि दूसरे नंबर पर बल्लेबाज़ी करनेवाली टीम ने कितने रन बना लिए हैं, और कितने रन की ज़रूरत है, कितने ओवर बचे हैं और मैच जीतने के लिए प्रति ओवर कितने रन की ज़रूरत है।

इक्विपमेंट (अपकरण) : एक क्रिकेटर द्वारा प्रयोग किया जानेवाला सामान—जैसे कि बैट, पैड ग्लव्स, हेलमेट एवं बाक्स आदि।

एक्सप्रेस : बहुत तेज़ गेंद।

एक्सट्राज़ (अतिरिक्त) : ये अतिरिक्त रन हैं। इन्हें संड्रीज़ भी कहते है।

फाल (गिरना) : पारी के दौरान एक टीम के हर बल्लेबाज़ के आउट होने के समय टीम का स्कोर।

फास्ट (गेंद) : ऐसे गेंदबाज़ जो बहुत तेज़ गेंद फेंकते हैं, ऐसे क्षेत्ररक्षक जो गेंद को पकड़ने के लिए बहुत तेज़ी से भागते हैं, ऐसे बल्लेबाज़ जो रन लेने के लिए विकेट के बीच बहुत तेज़ भागते हैं और ऐसा विकेट जो तेज़ है और गेंद को बहुत उछाल देता है।

फास्ट-मीडियम (तेज-मध्यम) : ऐसा तेज़ गेंदबाज़ जिसकी गेंद की गति तेज़ और मध्यम के बीच की है।

फीदर : जब गेंद बैट को बिलकुल हलके से छूते हुए निकल जाए।

फीदरबैट : यह ऐसे विकेट के लिए प्रयोग होता है जिसे बल्लेबाज़ का स्वर्ग कहा जा सकता है।

फील्ड : ग्राउंड जिस पर खेल होता है। क्षेत्र-रक्षकों को सजाना भी फील्ड कहलाता है।

फील्ड्समैन : क्षेत्र-रक्षण करनेवाले। गेंदबाज़ी करनेवाली टीम के लिए गेंदबाज़ और विकेटकीपर के अतिरिक्त अन्य सभी खिलाड़ी फील्डर कहलाते हैं।

फिएरी : ऐसा गेंदबाज़ जो खतरनाक गेंद फेंकता है और बहुत ज़्यादा शार्ट पिच गेंद फेंकता है। उस विकेट के लिए भी प्रयोग होता है जो गेंदबाज़ों को बहुत ज़्यादा गेंद उछालने में मदद देता है।

फाइन : यह विकेट के पीछे की क्षेत्र-रक्षण स्थितियों को दर्शाता है। अगर विकेट की लाइन को क्षेत्र-रक्षण की स्थितियों में क्षेत्र-रक्षण अपनी आम स्थिति पर न खड़ा होकर विकेट के नज़दीक आ जाए--जैसे कि फाइन लैग।

फाइन लैग : एक क्षेत्र-रक्षण स्थिति।

फिंगर स्पिन : धीमे गेंदबाज़ का गेंद को उंगली से स्पिन कराना।

फर्स्ट क्लास (प्रथम श्रेणी) : ऐसा मैच जो क्रिकेट के मान्य नियमों के अनुसार खेला जाए। 3 या इससे ज़्यादा दिन की अवधि का हो।

फिट : विकेट और ग्राउंड की हालत को दर्शाने के लिए इसका प्रयोग होता है। किसी खिलाड़ी के बारे में जब उसे फिट कहा जाता है तो इसका मतलब है कि वह मैच में खेलने के लिए पूरी तरह तैयार है।

फ्लैनल्स : क्रिकेटर के क्रीम रंग के कपड़े।

फ्लैट : ऐसा विकेट जो बहुत आसान है और उस पर बाउंस एक जैसा है। ऐसा विकेट स्ट्रोक प्ले के लिए बड़ा अच्छा होता है।

फ्लाइट : जब गेंदबाज़ गेंद को हवा में स्पिन के लिए उछाल देता है। गेंद की अच्छी फ्लाइट बल्लेबाज़ को परेशानी में डाल सकती है।

फ्लिपर : यह लैग स्पिनर द्वारा फेंकी जानेवाली एक खास किस्म की गेंद है जिसे सबसे पहले आस्ट्रेलिया के रिची बैनो ने फेंका था।

फ्लाई स्लिप : स्लिप के पीछे एक खास क्षेत्र-रक्षण जिसे आमतौर पर सजाया नहीं जाता। इसमें

स्लिप के पीछे क्षेत्ररक्षक स्टंप्स से सीमा रेखा के बीच के फासले में लगभग आधी दूरी पर खड़े किए जाते हैं। यह खासतौर पर उस बल्लेबाज़ के लिए खड़े किए जाते हैं जिसे स्लिप के ऊपर से गेंद उछालने की आदत है।

फालोऑन : क्रिकेट के नियम देखिए।

फालो थ्रू : गेंदबाज़ का गेंद फेंकने के बाद का ऐक्शन और बल्लेबाज़ का शाट लगाने के बाद का ऐक्शन।

फारवर्ड : बल्लेबाज़ी में एक अच्छी पिच की हुई गेंद पर आगे आकर लगाए जानेवाले शाट। क्षेत्र-रक्षण में जब विकेट के सामने के क्षेत्र-रक्षक आगे आ जाते हैं—जैसे कि फारवर्ड प्वाइंट स्क्वायर लैग।

फ्रंट ऑन : जब बल्लेबाज़ गेंद को खेलते हुए एक किनारे पर न होकर गेंद के बिलकुल सामने आकर उसे खेलता है। ऐसा वह गेंद की लाइन के विपरीत स्ट्रोक लगाने के लिए करता है।

फ्रंट फुट : गेंदबाज़ी में गेंद फेंकने के समय जो पैर आगे होता है। बल्लेबाज़ी में स्टांस लेते समय जो पैर आगे होता है।

फुल टास : किसी भी गति के गेंदबाज़ की ऐसी गेंद जो टप्पा खाए बिना बल्लेबाज़ तक पहुंचती है और बल्लेबाज़ को उस पर आसानी से ज़ोरदार स्ट्रोक लगाने का मौका देती है।

फुल ब्लडैड : ऐसा स्ट्रोक जो पूरी शक्ति के साथ लगाया जाता है।

गार्डनिंग (बागवानी) : जब बल्लेबाज़ आगे आकर अपने बैट से पिच के किसी हिस्से को दबाता है या पिच पर आये हुए किसी कंकड़ को हटा देता है। घबराहट में खेल रहे बल्लेबाज़ अकसर ही ऐसा करते हैं।

गिव द बाल एयर : जब स्पिनर अपनी गेंद को हवा में उछालते हैं।

ग्लांस : बल्लेबाज़ी में जब बैट के ब्लेड को मोड़कर स्क्वायर लैग के पीछे हिट किया जाता है।

ग्लव्स : बल्लेबाज़ और विकेटकीपर द्वारा हाथों में पहने जानेवाले दस्ताने। ये दोनों अलग-अलग तरह के होते हैं।

गो अवे : स्विंग गेंदबाज़ी में ऐसी गेंद जो बल्लेबाज़ से दूर जा रही हो।

गोल्डन डक : जब बल्लेबाज़ पहली ही गेंद पर आउट हो जाता है।

गुड लैंथ : ऐसी गेंद जो पिच पर टप्पा खाकर बल्लेबाज़ को यह सोचने पर मज़बूर कर देती है कि वह इसे फ्रंट फुट पर खेले या बैक फुट पर?

गुगली : इसका ब्यौरा पहले दिया जा चुका है।

ग्रीन टाप : ऐसा क्रिकेट जिस पर घास है और जो गेंद को सिलाई के सहारे मूव करानेवाले गेंदबाज़ों को मदद देगा।

ग्रबर : ऐसी गेंद जो पिच पर लगने के बाद बहुत नीचे रह जाती है।

गार्ड : स्टंप्स की लाइन में बल्लेबाज़ अपने बैट की स्थिति के लिए गार्ड लेता है।

गली : क्षेत्र-रक्षण की एक स्थिति।

हाफ वाली : ऐसी गेंद जो पिच टप्पा खाने के बाद बल्लेबाज़ को आगे आकर हिट लगाने के लिए आमंत्रित करती है। यह ड्राइव लगाने के लिए बहुत अच्छी गेंद है।

हैंडल्ड द बाल : क्रिकेट के नियम देखिए।

हैट ट्रिक : जब गेंदबाज़ अपनी तीन लगातार गेंदों पर विकेट ले लेता है—ये ज़रूरी नहीं है कि तीनों गेंदें एक ही ओवर में हों या एक ही पारी में हों पर एक ही मैच में होनी चाहिऐ।

हेलमेट : बल्लेबाज़ अपने सिर की सुरक्षा के लिए इसे पहनते हैं। अब विकेट के नज़दीक क्षेत्र-रक्षण करनेवालों ने भी इसे पहनना शुरू कर दिया है।

हिट द बाल ट्वाइस : क्रिकेट के नियम देखिए।

हिट विकेट : क्रिकेट के नियम देखिए।

होल्ड वन बैक : गेंदबाज़ की एक खास किस्म की गेंद जो वह बल्लेबाज़ को परेशान करने के लिए फेंकता है। गेंदबाज़ गेंद फेंकनेवाला हाथ पूरा ऊपर ले जाने से पहले ही गेंद फेंक देता है। इससे गेंद सामान्य से कुछ क्षण ज़्यादा समय ले सकती है और इससे बल्लेबाज़ के शाट की लय खराब हो सकती है।

हुक : ऐसा स्ट्रोक जो लैग साइड पर जा रही तेज़ गेंदबाज़ की शार्ट पिच गेंद पर लगायाी जाती है। इसमें गेंद को क्रास बैट से स्क्वायर लैग के पीछे हिट किया जाता है।

हाउज दैट : अपील का पारंपरिक तरीका।

इन : वह समय जब एक खिलाड़ी की पारी शुरू होती है और उसके आउट होने तक चलती रहती है।

इन फील्ड : ऐसे क्षेत्र-रक्षक जो कैच लपकने की स्थिति में खड़े होते हैं लेकिन विकेट से कुछ दूर होते हैं जैसे कि प्वाइंट, कवर एवं मिड विकेट।

इनर : इन स्विंगर देखिए।

इंनिंग्स (पारी) : किसी एक खिलाड़ी या एक टीम द्वारा बल्लेबाज़ी के लिए लिया गया समय।

इन स्विंगर : किसी भी तेज़ गेंदबाज़ की ऐसी गेंद जो हवा में बल्लेबाज़ के लिए ऑफ से लैग की तरफ मुड़ती है। आमतौर पर तेज़ और मध्यम तेज़ गेंदबाज़ इसे फेंकते हैं।

इंटिमिडेशन (डराना) : बल्लेबाज़ को डराने के लिए तेज़, और मध्यम तेज़, शार्ट पिच गेंद का प्रयोग। उम्मीद की जाती है कि बल्लेबाज़ अपने शरीर को बचाने की कोशिश में गेंद पर कोई शाट लगा देगा और कैच आउट हो जाएगा।

किंग पेयर : जब बल्लेबाज़ मैच की दोनों पारियों में पहली गेंद पर 0 पर आउट हो जाता है।

नॉक : पारी के लिए प्रयोग किया जानेवाला एक और शब्द।

लट कट : कट देखिए।

लैग : दोनों स्टंप्स को जोड़नेवाली लाइन जब मैदान को आधा बांट देती है तो मैदान का एक हिस्सा। वह हिस्सा जो बल्लेबाज़ के स्टांस लेने के समय उसके पीछे होता है।

लैग बिफोर विकेट (एल.बी.डब्लू.) : क्रिकेट के नियम देखिए।

लैग ब्रेक : स्पिन गेंदबाज़ की ऐसी गेंद जो लैग से ऑफ की तरफ टर्न करती है।

लैग बाई : क्रिकेट के नियम देखिए।

लैग कटर : तेज़ गेंदबाज़ की ऐसी गेंद जो पिच पर टप्पा खाने के बाद लैग से ऑफ की तरफ मुड़ जाती है। कटर देखिए।

लैग ग्लांस : ग्लांस देखिए।

लैग साइड : मैदान में लैग साइड पर कुछ भी। जो बल्लेबाज़ लैग साइड पर ज़्यादा स्ट्रोक लगाता है उसे लैग साइड प्लेयर कहते हैं।

लैग स्लिप : क्षेत्र-रक्षण की स्थिति।

लैग थ्योरी : बाडी लाइन देखिए।

लैग ट्रेप : गेंदबाज़ द्वारा बल्लेबाज़ के लिए लैग साइड पर स्क्वायर लैग के पीछे और स्क्वायर लैग के सामने कैच लपकने वाली स्थितियों में क्षेत्र-रक्षण सजाना।

लैंथ : पिच का वह हिस्सा जहां पर गेंद टप्पा खाती है।

लाइट : क्रिकेट के लिए इसका महत्त्व इतना है कि अंपायर को फैसला करना होता है कि क्या रोशनी खेल के लिए सही है?

लाफ्टेड : ऐसी गेंद जिसे हवा में ऊंचा हिट कर दिया गया है और जो इन फील्ड के बाहर गिरती है।

लॉली : एक साधारण कैच।

लाँग हॉफ हाप : धीमे या मध्यम तेज़ गेंदबाज़ की ऐसी शार्ट पिच गेंद जिसे क्रास बैट स्ट्रोक के साथ आसानी से विकेट के किसी भी ओर हिट किया जा सकता है।

लाँग लैग : कभी-कभी फाइन लैग के लिए इसका प्रयोग होता है। क्षेत्र-रक्षण की एक स्थिति।

लाँग आफ : क्षेत्र-रक्षण की एक स्थिति।

लाँग आन : क्षेत्र-रक्षण की एक स्थिति।

लाँग स्टाप : जब विकेटकीपर घटिया हो तो उसके बिलकुल पीछे सीमा रेखा पर खड़ा क्षेत्र-रक्षक।

लास्ट बाल (गेंद खो जाना) : अगर गेंद खो गई है तो इसकी जगह उसी तरह की और किसी गेंद से मैच शुरू होगा।

लंच : एक दिन के खेल के बीच में दोपहर के भोजन का समय।

मेडिन : गेंदबाज़ का ऐसा ओवर जिसमें उसने बैट से कोई रन नहीं बनने दिया है। बल्लेबाज़ के लिए उसकी पहली पारी या पहला शतक।

मानकड : वैसे तो यह भारत के एक टेस्ट क्रिकेटर का नाम है। जब गेंद फेंकने से पहले गेंदबाज़ नान स्ट्राइकर सिरे पर खड़े बल्लेबाज़ को क्रीज़ से बहुत आगे निकल जाने के कारण स्टंप्स पर गेंद मारकर उसे आउट कर देता है तो उसे 'मानकड' कहते हैं। इस तरह से आउट करने को भारत के

टेस्ट क्रिकेटर वीनू मानकड ने लोकप्रियता दिलाई थी।

मैटिंग : अगर टर्फ विकेट न हो तो मैदान पर जूट से बनी मैटिंग बिछाकर मैच खेला जाता है।

मीट : बैट का वह हिस्सा जिसके पीछे बैट पर फालतू लकड़ी लगी होती है और जो स्ट्रोक लगाने के समय स्ट्रोक को तेज़ी देता है।

मिडिल : विकेट के पास का क्षेत्र मिडिल कहलाता है।

मिडिल ऑर्डर (मध्यक्रम) : बल्लेबाज़ी करनेवाली टीम के लिए 5, 6, और 7 नंबर की स्थितियां।

मिड ऑफ : क्षेत्र-रक्षण की स्थिति।

मिड ऑन : क्षेत्र-रक्षण की स्थिति।

मिड विकेट : क्षेत्र-रक्षण की स्थिति।

मिस हिट : सही स्ट्रोक न लगाना।

नेट्स : जहां खिलाड़ी अभ्यास करते हैं।

नई गेंद : मैच शुरू करने के लिए पारी शुरू करने के लिए नई गेंद का प्रयोग होता है।

नाइट वाचमैन : ऐसा बल्लेबाज़ जो बल्लेबाज़ी के क्रम में है तो नीचे के क्रम का बल्लेबाज़ लेकिन दिन का खेल खतम होने के समय कोई विकेट गिरने पर जब उसे ऊपर के क्रम के बल्लेबाज़ के रूप में भेज दिया जाता है।

नो बाल : क्रिकेट के नियम देखिए।

नान स्ट्राइकर : ऐसा बल्लेबाज़ जो गेंदबाज़ के सिरे पर खड़ा हुआ है।

नाट आउट (आउट नहीं) : जो बल्लेबाज़ या तो आउट नहीं हुआ है या पारीं खत्म होने तक उसे किसी ने आउट नहीं किया है। अंपायर भी जब अपील स्वीकार नहीं करता तो यही कहता है।

आब्स्ट्रक्शन : क्रिकेट के नियम देखिए।

ऑफ : स्टंप्स को जोड़नेवाली लाइन की बदौलत बना मैदान का आधा हिस्सा। जब बल्लेबाज़ स्टांस लेता है तो उसके सामने का क्षेत्र।

ऑफ ब्रेक : स्पिन गेंदबाज़ की ऐसी गेंद जो पिच पर टप्पा खाने के बाद ऑफ से लैग की तरफ मुड़ जाती है।

ऑफ ड्राइव : फ्रंट फुट या बैक फुट का ऐसा आक्र।मक शाट जिसमें गेंद को मिड ऑफ क्षेत्र में हिट किया जाता है।

ओल्ड बाल (पुरानी गेंद) : जिस गेंद से मैच खेला जा रहा हो वह कुछ ओवरों के बाद पुरानी हो जाती है।

ऑन : लैग देखिए।

ऑन ड्राइव : ऑफ ड्राइव जैसा ही। बस इससें गेंद को मिड ऑफ क्षेत्र में हिट किया जाता है।

ऑन साइड : ऑन या लैग साइड पर कुछ भी। जो बल्लेबाज़ इस तरफ ज़्यादा स्ट्रोक लगाता है उसे ऑन साइड प्लेयर कहते हैं।

वन डे क्रिकेट : इसी को सीमित ओवर क्रिकेट भी कहते हैं। ये मैच प्रथम श्रेणी मैच नहीं कहलाते।

वन शार्ट : जब रन लेते हुए बल्लेबाज़ एक रन के लिए पूरी दूरी नहीं भागते और क्रीज़ से पहले ही मुड़ लेते हैं तो वह रन नहीं माना जाता। वन शार्ट का मतलब है जो रन भागकर बनाए गये हैं उनमें से एक रन कम कर देना।

आउट क्रिकेट : गेंदबाज़ी और विकेटकीपिंग के अतिरिक्त किसी भी टीम के प्रदर्शन को बताने के लिए प्रयोग किया जानेवाला शब्द।

आउट फील्ड : खेल का क्षेत्र लेकिन सीमा-रेखा के करीब।

आउट स्विंगर : अवे स्विंगर देखिए।

ओपन वैस्टेड : फ्रंट आन देखिए।

ओवर : क्रिकेट के नियम देखिए।

ओवर पिच : ऐसी गेंद जो गुड लैंथ से आगे टप्पा खाती है।

ओवर द विकेट : गेंदबाज़ के सिरे पर स्टंप्स के नज़रिए से गेंद फेंकते समय गेंदबाज़ की स्थिति। जब उसका गेंद फेंकनेवाला बाजू स्टंप्स के ऊपर से आता है।

ओवर थ्रो : वे अतिरिक्त रन जो क्षेत्र-रक्षण गेंद को स्टंप्स पर फेंके जाने के बाद उसे किसी के द्वारा न पकड़े जाने से बनते हैं।

पेस : स्पिन के अतिरिक्त अन्य हर तरह से गेंद—मीडियम पेस से एक्सप्रेस तक।

पैड : बल्लेबाज़ और विकेटकीपर अपनी टांगों की सुरक्षा के लिए पैड बांधते हैं।

पैड प्ले : बल्लेबाज़ का गेंद पर बैट से कोई स्ट्रोक लगाने की जगह बार-बार पैड आगे लाकर उसे खेलना। इंग्लैण्ड के बल्लेबाज़ आमतौर पर स्पिन गेंदबाज़ी को इसी तरह से खेलते हैं।

पेयर : एक मैच में जब बल्लेबाज़ दोनों पारियों में 0 पर आउट होता है। मैदान में मौजूद दोनों बल्लेबाज़ पेयर कहलाते हैं—जैसे कि ओपनिंग पेयर।

पार्टनरशिप (साझेदारी) : दो बल्लेबाज़ों का एक पारी के दौरान एक साथ दिखाया गया प्रदर्शन—यानि कि उनकी साझेदारी में कितने रन जोड़े गए।

पेनल्टी : क्रिकेट के नियम देखिए।

पिच : 22 गज़ लंबा वह क्षेत्र जिस पर बल्लेबाज़ी और गेंदबाज़ी का प्रदर्शन होता है। अच्छे स्तर के सभी मैच टर्फ पिच पर होते हैं। पिच को विकेट भी कहते हैं।

पिच अप : गुड लैंथ या इससे अच्छी गेंद फेंकना।

प्ले : खेल शुरू करने के लिए अंपायर की आवाज़।

प्ले एट : एक गेंद पर स्ट्रोक लगाने की कोशिश करना।

प्ले ऑन : जब एक बल्लेबाज़ ने गेंद को हिट कर दिया है लेकिन फिर भी गेंद उसके स्टंप्स को हिट कर देती है। तकनीकी तौर पर वह बोल्ड है।

प्लंब : फ्लेट देखिए। जब एक बल्लेबाज़ स्टंप्स के सामने खड़ा-सा रह जाता है और एल.बी.डब्लू. आउट हो जाता है।

प्वाइंट : क्षेत्र-रक्षण की स्थिति।

पापिंग क्रीज़ : देखिए बैटिंग क्रीज़।

प्रोटेक्टर : देखिए बॉक्स।

पुल : क्रास बैट से लगाया जाने वाला ऐसा स्ट्रोक जो मिडिल स्टंप और ऑफ स्टंप से बाहर की लाइन पर आई शार्ट पिच गेंद पर लगाया जाता है। इसमें गेंद को रन बनाने के लिए स्क्वायर लैग के सामने हिट किया जाता है।

पुट इन : टास जीतने के बाद जब कप्तान विपक्षी टीम को पहले बल्लेबाज़ी के लिए कहता है।

पुट ऑन : वह गेंदबाज़ जिसे आक्रमण पर लगाया गया है, बल्लेबाज़ों का जोड़ा, साझेदारी के दौरान बनाए गए रन।

पुटिंग अप द शटर्स : जब सिर्फ समय बिताने के लिए खेल खेला जाता है और बल्लेबाज़ी करने वाली टीम जीतने का इरादा छोड़ देती है।

क्विक : तेज़ गेंदबाज़ देखिए।

क्विकी : तेज गेंदबाज़।

रीच : एक बल्लेबाज़ की आगे आकर स्ट्रोक को खे़लने की योग्यता। लंबे बल्लेबाज़ की टांगें लंबी होंगी और इस तरह उसकी स्ट्रोक को खेलने के लिए पहुंच ज़्यादा हो जाती है। ऐसे बल्लेबाज़ के लिए किसी भी गेंदबाज़ के लिए किसी भी गेंदबाज़, खास तौर पर स्पिनर के लिए गुड लैंथ गेंद फेंकना मुश्किल होता है।

रिजल्ट (परिणाम) : मैच का फैसला—हार, जीत, ड्रा या टाई।

रिटायर : क्रिकेट के नियम देखिए।

रिटर्न (वापसी) : क्षेत्र-रक्षण की स्टंप्स पर वापस थ्रो।

रिटर्न क्रीज़ : जब पापिंग क्रीज़ की लाइनों को विकेट के दोनों ओर गेंदबाज़ी की क्रीज़ से आगे बढ़ा दिया जाता है। यह लाइन यह देखने के लिए प्रयोग की जाती है कि गेंद फेंकने के समय गेंदाबाज़ का पिछला पैर इसके अंदर ही है या नहीं।

रोलर : एक भारी गोलाकार ड्रम के आकार का वज़न जिसे पिच पर फेरा जाता है। पहले इसे हाथ से खींच कर घुमाया जाता था और आजकल विशेष ट्रालियां बनी हैं जिन पर रोलर फिट हो जाता है।

राउंड द विकेट : गेंदबाज़ की गेंद फेंकने के समय स्टंप्स के संदर्भ में स्थिति। इसमें गेंदाबाज़ उस समय गेंद फेंकता है जब उसकी पीठ स्टंप्स की ओर होती है। आमतौर पर तेज़ गेंदबाज़ इस तरह से गेंद फेंकते हैं।

रन : स्कोरिंग का तरीका (वाइड और नो बाल की स्केरिंग को छोड़कर)। जब बल्लेबाज़ पिच के एक सिरे से दूसरे सिरे तक ठीक तरह से भाग लेते हैं तो रन बनता है या गेंद सीमा रेखा के पार चली जाती है तो रन बनता है।

रनर : ऐसा खिलाड़ी जो मैदान में मौजूद चोटिल बल्लेबाज़ की जगह रन लेने के लिए भागता है।

यह रनर उसी तरह से सुसज्जित होता है जिस तरह से वह बल्लेबाज़ है जिसकी मदद के लिए वह मैदान में आया है।

रन आउट : क्रिकेट के नियम देखिए।

स्कूप : एक खास तरह का बैट जिसमें पीछे की ओर अलग-अलग स्थान पर फालतू लकड़ी लगी रहती है। इससे वजन पूरे बैट पर बंट जाता है।

स्कोर : मैच की स्थिति बताने के लिए स्कोर का प्रयोग होता है। स्कोर टीम का भी हो सकता है और एक पारी में किसी व्यक्तिगत खिलाड़ी का भी।

स्कोर बोर्ड : सीमा रेखा के पार मैदान में लगा ऐसा बोर्ड जिस पर लगातार स्कोर दिखाया जाता है ताकि मैदान में मौजूद दर्शक और खिलाड़ी दोनों को मैच की स्थिति का पता लगता रहे।

स्कोर बुक : मैदान में बैठे अधिकृत स्कोरर स्कोर बुक में खेल की हर गतिविधि को नोट करते रहते हैं।

स्कोरर : स्कोर बोर्ड का संचालन करनेवाला या स्कोर बुक में स्कोर नोट करने वाला स्कोरर कहलाता है।

सीम : गेंद के ऊपर के लैदर के दोनों हिस्सों को जोड़ने के लिए उन पर सिलाई की जाती है। गेंदाबाज़ की गेंद फेंकने के लिए ग्रिप इसी सिलाई पर होती है और यह सिलाई ही गेंद को स्पिन या स्विंग कराने में मदद देती है। गेंद की सिलाई पिच पर गेंद के टप्पा खाने के बाद मुड़ने की दिशा भी तय करती है। जो गेंदाबाज़ सिलाई के सहारे गेंद को मूव करा दिशा बदलते हैं वे सीमर कहलाते हैं।

सेलेक्टर्स (चयनकर्ता) : जिन्हें टीम चुनने के लिए नियुक्त किया जाता है।

सेंड बैक : जब आवाज़ लगाकर या इशारे से उस बल्लेबाज़ को वापस भेज दिया जाए जिसने रन लेने के लिए आवाज़ लगाई है।

शूटर : ग्रबर देखिए।

शार्ट रन : किक्रेट के नियम देखिए।

शार्ट लैग : किक्रेट के नियम देखिए।

शार्ट पिच : ऐसी गेंद जो लैंथ से भी पहले पिच पर टप्पा खाती है। आमतौर पर तेज़ गेंदबाज़ ऐसी गेंद फेंकते हैं और यह खतरनाक गेंद होती है।

साइड ऑन : यह बल्लेबाज़ के स्टांस का एक तरीका है। इसमें बल्लेबाज़ की छाती प्वाइंट दिशा की ओर होती है। गेंदबाज़ी में साइड ऑन ऐक्शन से जब गेंदबाज़ गेंद फेंकता है तो वह गेंद को दाएं हाथ के बल्लेबाज़ से दूर फेंकना चाहता है। क्षेत्र-रक्षण में साइड ऑन का मतलब है कि क्षेत्र-रक्षक के लिए गेंद को सीधे स्टंप्स पर मारना बड़ा मुश्किल है क्योंकि क्षेत्र-रक्षक स्टंप्स की लाइन में है और उसे सिर्फ एक स्टंप दिखाई दे रहा है।

साइट स्क्रीन : आम मैच के लिए दोनों स्टंप को जोड़नेवाली लाइन में सीमा रेखा के बाहर सफेद रंग की बड़ी स्क्रीन जो इसलिए लगाई जाती है ताकि बल्लेबाज़ को लाल रंग की गेंद सफेद पृष्ठभूमि में बिलकुल साफ नज़र आए। बल्लेबाज़ के कहने पर इन्हें इधर-उधर हिलाया भी जा सकता है। आजकल डे-नाइट मैच के लिए सफेद गेंद का प्रयोग होता है तो साइट स्क्रीन काली हो जाती है।

सिगनल (इशारा) : क्रिकेट के नियम देखिए।

सिली : बल्लेबाज़ के बिलकुल नज़दीक स्लिप और गली के अतिरिक्त कैच लपकने की अन्य स्थितियां।

सिंगल : एक रन।

सिंगल विकेट : एक ऐसा टूर्नामेंट जिसमें एक बल्लेबाज़ और एक गेंदबाज़ के बीच मुक़ाबला होता है—दोनों के लिए क्षेत्र-रक्षक न्यूट्रल रहते हैं।

सिक्स : ऐसा हिट जिसमें गेंद मैदान को छूए बिना सीमा रेखा के पार चली जाती है और इससे 6 रन मिलते हैं।

स्काई : गेंद को हवा में ऊंचा मारना। इसे स्कायर भी कहते हैं।

स्किपर : टीम का कप्तान। इंग्लैण्ड में आमतौर पर कप्तान को स्किपर कहते हैं।

स्लैश : ऑफ स्टंप से बाहर ज़ा रही गेंद पर हाफ क्रास बैट से शाट लगाना और गेंद को ऑफ साइड में ऊंचा उछाल देना। इससे गेंद आमतौर पर प्वाइंट के पीछे जाती है।

स्लेज : विपक्षी टीम के खिलाड़ी को गाली देना या उस पर खेल के दौरान ताने कसना।

स्लिप्स : क्षेत्ररक्षण की स्थितियां।

स्लॉग : गेंदबाज़ों की बुरी तरह से धुनाई करने की कोशिश करना।

स्लो बालर (धीमा गेंदबाज़) : आमतौर पर ऐसा गेंदबाज़ जो बल्लेबाज़ को अपनी गेंद की स्पिन और फ्लाइट के सहारे बीट करने की कोशिश करता है।

स्निक : जब गेंद बल्लेबाज़ के बैट के किनारे को छूकर बल्लेबाज़ को पार कर जाती है।

स्पिनर : ऐसा गेंदबाज़ जो गेंद को टप्पा खाने पर विकेट के सहारे स्पिन कराता है। वह हवा में अपनी गेंद की फ्लाइट और उसके घुमाव का भी प्रयोग करता है। जो गेंदबाज़ हाथ के आगे के हिस्से से गेंद को स्पिन कराते हैं वे उंगलियों के स्पिनर कहलाते हैं और जो गेंदबाज़ हाथ के पिछले हिस्से से गेंद को स्पिन कराते हैं वे कलाई के स्पिनर कहलाते हैं।

स्क्वायर कट : कट देखिए।

स्क्वायर ड्राइव : फ्रंट फुट पर ऐसा आक्रामक शाट जिसमें प्वाइंट-कवर प्वाइंट क्षेत्र में रन बनाने की कोशिश की जाती है।

स्क्वायर लैग : क्षेत्र-रक्षण की स्थिति।

स्टिकी विकेट : ऐसा विकेट जो बरसात से बुरी तरह खराब हो गया है और जिस पर बल्लेबाज़ी करना बड़ा मुश्किल है।

स्टाक बालर : ऐसा गेंदबाज़ जो कसी हुई गेंदबाज़ी करता है और एक सिरे से रन का बनना रोकता है। दूसरे सिरे पर आक्रामक गेंदबाज़ गेंदबाज़ी करते हैं।

स्टोन वालर : ऐसा बल्लेबाज़ जो बहुत धीमी गति से रन बनाता है।

स्ट्रेट बैट : जब गेंद को हिट करने के लिए बिलकुल सीधा बैट सामने लाया जाता है और गेंद को

हिट करते समय यह कोशिश की जाती है कि उसे नीचे की ओर दबा दिया जाए ताकि गेंद नीची ही रहे और कैच न उछले। फारवर्ड और बैकवर्ड सुरक्षात्मक शाट तथा कवर से मिड विकेट के ड्राइव इसी तरह के बैट के साथ खेले जाते हैं।

स्ट्रोकर : जब मैच के दौरान कोई नग्न व्यक्ति खेल के मैदान के बीच आ जाता है। वह व्यक्ति स्ट्रोकर कहलाता है।

स्ट्राइक : जो बल्लेबाज़, गेंदबाज़ का सामना करता है वह आन स्ट्राइक कहलाता है।

स्ट्राइकर.: स्ट्राइक लेनेवाला स्ट्राइकर कहलाता है।

स्ट्राइक रेट : पिछले कुछ साल से खिलाड़ी की औसत की तरह से उसके स्ट्राइक रेट को बड़ा महत्त्व दिया जा रहा है। बल्लेबाज़ के स्ट्राइक रेट का मतलब है कि हर 100 गेंद में उसने कितने रन बनाए हैं और गेंदबाज़ के स्ट्राइक रेट का मतलब है उसने हर विकेट के लिए कितनी गेंद फेंकी हैं।

स्टंप्ड : क्रिकेट के नियम देखिए।

स्टंप्स : तीन विकेट का सैट जो बेल्स सहित पिच के दोनों सिरों पर लगाए जाते हैं। अंपायर की दिन का खेल करने की आवाज़ भी स्टंप्स कहलाती है।

सब्स्टीट्यूट्स : क्रिकेट के नियम देखिए।

संड्रीज : वे रन जो बैट से नहीं बनाए जाते यानि कि नो बाल, बाई, लैग बाई एवं वाइड।

स्वीप : धीमे गेंदबाज़ की एक अच्छी पिच हुई गेंद पर ऐसा क्रास बैट शाट जिसमें बल्लेबाज़ आगे आता है और अपनी पिछली टांग के घुटने के बल पर नीचे बैठकर गेंद को ऑन साइड में विकेट की लाइन की दिशा में हिट करता है।

टेल : बल्लेबाज़ी के क्रम में आखिरी 3-4 बल्लेबाज़ टेल कहलाते हैं। इन बल्लेबाज़ों को टेलेंडर कहा जाता है।

टीम : 11 खिलाड़ियों से बनी टीम।

टेस्ट : ऐसे 5 या अधिक दिन के मैच जो आई.सी.सी. के पूर्ण सदस्यों के बीच खेले जाते हैं। इनकी श्रृंखलाओं का आयोजन होता है।

थाई पैड : बल्लेबाज़ द्वारा टांग में ऊपर के हिस्से को गेंद से बचाने के लिए पहना जाने वाला पैड। कुछ बल्लेबाज़ तो इस हिस्से पर आगे भी और पीछे भी पैड बांधते हैं।

थर्ड मैन : क्षेत्र-रक्षण की स्थिति।

थ्रो : क्षेत्र-रक्षक द्वारा गेंद वापस फेंकना। नो बाल के नियम में थ्रो का मतलब अलग है। इसके लिए क्रिकेट के नियम देखिए।

टाइम आउट : क्रिकेट के नियम देखिए।

टो : बैट का नीचे का किनारा।

टॉन : सैंचुरी या शतक।

टॉप स्पिन : कलाई के स्पिन गेंदबाज़ की ऐसी गेंद जिसे बाएं या दाएं स्पिन कराने के लिए नहीं

फेंका जाता। इसे तेज़ी से सीधे बल्लेबाज़ को फेंका जाता है ताकि वह उसकी सुरक्षा का इम्तहान ले सके। कभी-कभी यह टॉप स्पिनर गेंद उम्मीद से ज़्यादा बाउंस लेती है।

टास : मैच में पहले बल्लेबाज़ी और क्षेत्र-रक्षण कौन करेगा— इसका फैसला करने के लिए टास होता है। मेज़बान टीम का कप्तान सिक्का उछालता है और मेहमान टीम का कप्तान हैड्स या टेल्स की आवाज़ लगाता है। जो कप्तान टास जीतता है फैसला करने का अधिकार उसी का होता है।

ट्रैक : पिच या विकेट।

टर्न : स्पिन देखिए।

टर्न स्क्वायर : ऐसा विकेट जो स्पिनरों के लिए बहुत ज़्यादा मददगार हो।

ट्वैल्व्थ मैन (बारहवां खिलाड़ी) : ऊंचे दर्जे के मैच में हर टीम 11 खिलाड़ियों के अतिरिक्त एक और खिलाड़ी भी चुनती है जो ज़रूरत पड़ने पर सब्स्टीट्यूट बनता है और ड्रैसिंग रूम की ज़िम्मेदारियां भी निभाता है। वह मैदान में क्षेत्र-रक्षण कर सकता है लेकिन बेल्लेबाज़ी या गेंदबाज़ी नहीं कर सकता।

अंपयार : ऐसे व्यक्ति जिन्हें क्रिकेट के नियमों के अनुसार मैच का संचालन करने के लिए नियुक्त किया जाता है।

अंपायर्स सिगनल्स : क्रिकेट के नियम देखिए।

अंडर आर्म : गेंद फेंकते हुए, गेंद फेंकनेवाले बाज़ू को कंधे के ऊपर उठाए बिना ही गेंद फेंक देना। जब क्रिकेट में ओवर आर्म गेंद नहीं थी तब इसी तरह से गेंदबाज़ी होती थी। अब भी कोई गेंदबाज़ यह गेंद फेंक सकता है बशर्ते कि उसने बेल्लेबाज़ को इस तरह से गेंद फेंकने के बारे में सूचित कर दिया हो। एकदिवसीय क्रिकेट में इस तरह की गेंद को गलत माना जाता है क्योंकि गेंद ज़मीन पर लगी हुई आती है और बेल्लेबाज़ के लिए उस पर अच्छा शाट लगाकर रन बनाने का मौका नहीं रह जाता।

अनफेयर प्ले (अनुचित खेल) : क्रिकेट के नियम देखिए।

यूज द क्रीज़ (क्रीज़ का प्रयोग) : गेंदबाज़ी में स्टंप्स के संदर्भ में गेंद को फेंकने की स्थिति बदलने के लिए गेंदबाज़ क्रीज़ का प्रयोग करता है और अलग-अलग स्थिति से गेंद फेंकता है।

वाइजर : हेलमेट देखिए।

वाक : बेल्लेबाज़ी में अंपायर के फैसले का इंतज़ार किए बिना बेल्लेबाज़ का खुद ही अपने को आउट मानकर पैवेलियन चल देना। एक समय इसे क्रिकेट की परंपराओं में गिना जाता था पर अब ऐसा नहीं है।

विकेट : क्रिकेट के संदर्भ में इसके कई मतलब निकलते हैं। 22 गज़ लंबी पिच को भी विकेट कहा जाता है, पिच के एक सिरे पर लगे तीन स्टंप्स के सैट को भी विकेट कहा जाता है। इनमें से एक स्टंप को भी विकेट कहा जाता है, जब गेंदबाज़ एक बल्लेबाज़ को आउट कर लेता है तो उसे उसका विकेट कहा जाता है।

विकेटकीपर : इसे कीपर भी कह देते हैं। यह वह खिलाड़ी है तो स्टंप्स के पीछे पैड बांधकर और ग्लव्स पहनकर उन गेंदों को पकड़ता है जिन्हें बल्लेबाज़ नहीं खेल पाता। वह कैच भी लपकता

है और बल्लेबाज़ को स्टंप आउट भी करता है। बल्लेबाज़ की खेलने की स्टाइल और गेंदबाज़ की गेंद को तेज़ी के हिसाब से विकेटकीपर अपनी स्थिति बदलता रहता है।

विकेट मेडिन : ऐसा ओवर जिसमें गेंदबाज़ ने कोई रन नहीं दिया है और उसने विकेट ले लिया है।

वाइड बाल : क्रिकेट के नियम देखिए।

वुड : इसका कई जगह बैट के लिए प्रयोग होता है।

यार्कर : ऐसी गेंद जो हाफ वाली और फुल टॉस के बीच की जगह पर टप्पा खाती है और पिच से लगी हुई बैट के नीचे से निकल जाती है।

❑❑❑

डायमंड पाकेट बुक्स में
उत्कृष्ट हिन्दी साहित्य की महत्वपूर्ण पुस्तकें

लल्लन प्रसाद व्यास
राम के पथ पर (मेरे जीवन के अनुभव) 95.00

कुसुम वीर, मोहन सिंह दोहरे
राजभाषा व्यवहार 95.00
30 दिन में हिन्दी सीखें 95.00

चित्रा मुद्गल
लकड़बग्घा (कहानी संग्रह) 60.00

उद्भ्रांत
पत्र ही नहीं बच्चन मित्र है 150.00

देवकीनन्दन खत्री के उपन्यास
चन्द्रकान्ता 75.00
चन्द्रकांता सन्तति-1-6 (प्रत्येक) 75.00

निशांत केतु
जंगल जानवर और आदमी 150.00

राधेश्याम प्रगल्भ
आजादी के बाद की चुनी हुई राष्ट्रीय कविताएं 70.00

स्वामी अंतर जगदीश
जेन हार्ट जेन सोल (जेन कथा) 95.00

दयानन्द वर्मा
ब्रह्मज्ञान का यथार्थ 50.00
नयी सोच की कहानियां 50.00
श्रीमद्भागवत गीता (आधुनिक व्याख्या) 95.00
कलजुगी उपनिषद (उपन्यास) (पुरस्कृत) 75.00

सत्यपाल रुहेला
समाज शास्त्र एक परिचय 95.00
कार्य पद्धति अनुभव एंव शिक्षा 60.00

आचार्य राजेश्वर मिश्र
महान चाणक्य 125.00
चाणक्य नीति 60.00
चाणक्य सूत्र 60.00
महामात्य चाणक्य 60.00

सआदत अली हसन मंटो
मंटो के बेहतरीन अफसाने 95.00

अभिमन्यु अनत
लाल पसीना (3 उपन्यास) 840 पेज 395.00
अभिमन्यु अनत की आरम्भिक कहानियां 60.00
जम गया सूरज (उपन्यास) 75.00
नया आयाम (अभिमन्यु अनन्त की कहानियों पर आधारित नाटक) 150.00

संस्कृत के महान ग्रंथ (हिन्दी में)

कालिदास
कालिदास के नाटक 80.00
अभिज्ञान शाकुन्तलम् 60.00
मेघदूत 60.00

बंगला से अनुदित हिन्दी साहित्य

आशापूर्णा देवी
तपस्या 60.00
श्रावणी 60.00

विमल मित्र
गवाह नंबर तीन 50.00

रवीन्द्रनाथ टैगोर
गीतांजलि (नोबल पुरस्कार विजेता काव्य संग्रह) 60.00
रवीन्द्र की कहानियां भाग-1 .... 60.00
गोरा (उपन्यास) 100.00
योगायोग (उपन्यास) 60.00
आंख की किरकिरी (उपन्यास) 60.00
घर और बाहर (उपन्यास) 60.00
नाव दुर्घटना (उपन्यास) 60.00

शरत चट्टोपाध्याय
परिणीता 60.00
पथ के दावेदार 75.00
चन्द्रनाथ 60.00
श्रीकांत 95.00
चरित्रहीन 75.00
दत्ता 60.00
शुभदा 60.00
देवा पावना 60.00
बिराज बहू 60.00
शेष परिचय 60.00
शेष प्रश्न 95.00
काशीनाथ 50.00
देवदास 50.00
मझली दीदी 60.00
गृहदाह 60.00
पंडित जी 25.00
विप्रदास 60.00
बिंदो का लड़का 60.00

बंकिम साहित्य
आनन्द मठ 50.00
दुर्गेशनंदिनी 50.00
विषवृक्ष 50.00
कपाल कुण्डला 50.00
मृणालिनी 50.00
राजसिंह एवं राजमोहन की स्त्री 50.00
रजनी 50.00
चन्द्रशेखर 25.00
सीताराम 50.00
देवी चौधरानी 50.00

निमाई भट्टाचार्य
सीमाएं टूट गई 60.00
गलतफहमी 60.00
राग असावरी 60.00
देवर भाभी 60.00
अठारह वर्ष की लड़की 60.00
सोनागाछी की चम्पा 50.00
अवैध रिश्ते 60.00
एक नर्स की डायरी 60.00

सं. वासु
बंगला की श्रेष्ठ कहानियां 95.00